新能源汽车构造

主　　编　刘尚达
副 主 编　孙志刚　郭星辰　丁一启
参　　编　初　群　黄显祥　陈　诗　范吴丹

机械工业出版社

本书包括6个项目，共计16个任务，每个任务按照任务目标、任务框图、任务导入、任务分组、获取信息、进行决策、任务实施、评价反馈等环节进行教学组织设计，并结合岗位的需求设置任务实施的学习内容。本书的主要内容包括新能源汽车基本构造、动力蓄电池及管理系统构造与拆装、驱动系统构造与拆装、充电系统构造与拆装、底盘系统构造与拆装、电子电气系统构造与拆装，内容覆盖全面，实用性强。教材注重专业课程的技术内容和素质教育内容相结合，以技术内容为主线，素质教育内容作渗透，综合育人，使教材更具职教特色。

本书为校企合作开发教材，按照活页式教材的形式打造，面向新能源汽车检修、装调、测试等职业岗位，适用于新能源汽车技术、新能源汽车检测与维修技术、智能网联汽车技术和汽车电子技术等专业使用，也可作为从事相关工作的工程技术人员参考。

为方便教学，本书配有电子课件，凡选用本书作为授课教材的教师均可登录机工教育服务网（www.cmpedu.com），以教师身份注册后下载，或来电咨询，咨询电话：010-88379201。

图书在版编目（CIP）数据

新能源汽车构造 / 刘尚达主编. —北京：机械工业出版社，2023.6（2025.6重印）

ISBN 978-7-111-73118-4

Ⅰ.①新… Ⅱ.①刘… Ⅲ.①新能源—汽车—构造—职业教育—教材 Ⅳ.①U469.7

中国国家版本馆CIP数据核字（2023）第078553号

机械工业出版社（北京市百万庄大街22号 邮政编码100037）
策划编辑：师 哲 责任编辑：师 哲
责任校对：丁梦卓 李 婷 封面设计：王 旭
责任印制：单爱军
保定市中画美凯印刷有限公司印刷
2025年6月第1版第6次印刷
210mm×285mm·12印张·307千字
标准书号：ISBN 978-7-111-73118-4
定价：55.00元

电话服务	网络服务
客服电话：010-88361066	机 工 官 网：www.cmpbook.com
010-88379833	机 工 官 博：weibo.com/cmp1952
010-68326294	金 书 网：www.golden-book.com
封底无防伪标均为盗版	机工教育服务网：www.cmpedu.com

编审委员会

主 任
董大伟　吉林铁道职业技术学院

顾 问
吴立新　行云新能科技（深圳）有限公司

副主任
孙志刚　吉林铁道职业技术学院
邢海波　吉林铁道职业技术学院
刘尚达　吉林铁道职业技术学院
刘斯源　深圳市比亚迪锂电池有限公司
王　珍　比亚迪汽车工业有限公司
罗忠良　比亚迪汽车工业有限公司
罗红斌　比亚迪汽车工业有限公司

委 员
付　寅　比亚迪汽车工业有限公司
黄前好　比亚迪汽车工业有限公司
樊高杰　比亚迪汽车工业有限公司
秦世嵘　比亚迪汽车工业有限公司
荀　猛　比亚迪汽车工业有限公司
许云龙　比亚迪汽车工业有限公司
黄　辉　比亚迪汽车工业有限公司
李传博　比亚迪汽车工业有限公司
张庆锋　比亚迪汽车工业有限公司
李　明　比亚迪汽车工业有限公司
杨应葵　比亚迪汽车工业有限公司
徐细亮　比亚迪汽车工业有限公司
禹　炜　比亚迪汽车工业有限公司
许亚兰　比亚迪汽车工业有限公司
曾清波　比亚迪汽车工业有限公司
童少军　比亚迪汽车工业有限公司

前言 Preface

我国新能源汽车的发展以"三纵三横"为技术路线,以纯电动汽车、插电式混合动力(含增程式)汽车、燃料电池汽车为"三纵",布局整车技术创新链。以动力蓄电池与管理系统、驱动电机与电力电子、网联化与智能化技术为"三横",构建关键零部件技术供给体系。结合"三纵三横"技术,新能源汽车构造是对纯电动汽车、混合动力汽车、燃料电池汽车的结构与原理进行系统认知,为新能源汽车高压安全、整车控制、综合故障、电气系统等职业技能的学习提供理论基础,是新能源汽车专业的基础学科课程。

课程开发团队按照《职业教育专业目录2021》中的汽车相关专业调研了主机厂、主机厂指定服务商、组件厂、各类汽车维修企业等相关企业和新能源汽车组装、测试、售后、救援等相关岗位,分析了汽车销售顾问、测试工程师、售后服务顾问、维修技师、电气系统工程师等岗位的实际工作任务,依据国家教学标准要求,组织了相关学校教师和企业专家,结合多年的教学经验和实践基础,以比亚迪纯电动汽车秦EV车型为蓝本,编写了本书,特色如下:

1. 落实立德树人根本任务

以习近平新时代中国特色社会主义思想引领职业教育新能源汽车类专业教材建设,提升教材的思想性、科学性、时代性。深入贯彻落实党的二十大精神,以民族品牌为主体,提升学生的家国情怀,同时介绍了国外部分典型车型,增强了学生的国际化视野,发挥教材培根铸魂的作用。

2. 聚焦岗课赛证综合育人

本书编写以"岗课赛证"综合育人理念出发,融"岗""赛""证"要素于"课"。通过"岗课融通""课赛融通"及"课证融通",加强学生就业、最新的前沿技术、新标准规范等内容的学习,推进产业转型,培养更多创新型、复合型高素质新能源汽车技术高技能人才。

3. 校企合作开发

本书为校企合作开发教材,按照活页式教材形式打造。以"做中学"为主导,以技术性知识为主体,配以必要的陈述性知识和策略性知识,重点强化"如何做",将必要知识点穿插于各个"做"的步骤中,边学习、边实践,在实训教学中渗透理论的讲解,使所学到的知识能够融会贯通。培养学生独立思考、将理论运用于实践的动手能力,成为从事新能源汽车相关工作的高素质、高技能人才。

本书主要由吉林铁道职业技术学院和行云新能科技(深圳)有限公司联合开发,并由比亚迪汽车工业有限公司进行审核。刘尚达任主编,孙志刚、郭星辰、丁一启任副主编,初群、黄显祥、陈诗、范吴丹参加了编写。

由于作者水平有限,书中不妥和错误之处在所难免,恳请广大读者提出宝贵建议,以便修订时予以改正。

编　者

二维码索引

名称	图形	页码	名称	图形	页码
纯电动汽车整车结构认知		008	直流充电口认知		102
混合动力汽车构造认知		020	交流充电口认知		102
其他类型新能源汽车构造认知		033	直流充电桩认知		108
BMS模块认知		049	转向系统标定与测试		138
动力蓄电池拆装1		065	汽车线控悬架系统的认知		150
动力蓄电池拆装2		065	电子电气系统的结构与装配		166
比亚迪高压电控总成三合一拆装		076	空调制冷剂的加注		180
电机驱动原理		081			

目 录 Contents

前言
二维码索引

项目一　新能源汽车基本构造 ·· 001
　　任务一　纯电动汽车的认知 ·· 001
　　任务二　混合动力汽车的认知 ·· 018
　　任务三　其他类型新能源汽车的认知 ·· 032

项目二　动力蓄电池及管理系统构造与拆装 ·· 039
　　任务一　蓄电池模块的构造与拆装 ·· 039
　　任务二　蓄电池管理系统的构造与拆装 ·· 048
　　任务三　动力蓄电池总成的拆装 ·· 060

项目三　驱动系统构造与拆装 ·· 072
　　任务一　电驱动系统的构造与拆装 ·· 072
　　任务二　驱动电机的分类与拆装 ·· 080
　　任务三　驱动三合一的拆装 ·· 088

项目四　充电系统构造与拆装 ·· 098
　　任务一　充电系统的认知 ·· 098
　　任务二　交直流充电系统的拆装 ·· 107

项目五　底盘系统构造与拆装 ·· 119
　　任务一　转向系统的构造与拆装 ·· 119
　　任务二　制动系统的构造与拆装 ·· 140
　　任务三　悬架系统的构造与拆装 ·· 149

项目六　电子电气系统构造与拆装 ·· 159
　　任务一　新能源汽车电气系统的认知 ·· 159
　　任务二　新能源汽车冷却系统的构造与拆装 ·· 168

参考文献 ·· 183

项目一
新能源汽车基本构造

任务一　纯电动汽车的认知

🎯 任务目标

知识目标
1. 了解新能源汽车的定义。
2. 熟知新能源汽车的各个组成部分。

技能目标
1. 能准确说出比亚迪秦EV车型的各个组成部分。
2. 能熟练分析新能源汽车的工作原理。

素养目标
1. 具备从多途径的信息源中检索专业知识的能力。
2. 与小组成员交流、讨论学习成果，取长补短，完成自我提升。
3. 获得分析问题和解决问题的基本方法。

🚀 任务框图

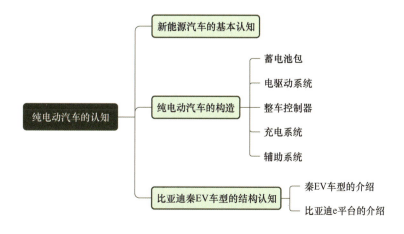

新能源汽车构造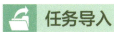

姓名　　　　　班级　　　　　日期

任务导入

发展新能源汽车是国家战略，在国家及地方政府配套政策的支持下，我国新能源汽车实现了产业化和规模化的飞跃式发展。无论是销量、增速还是全球市场份额，我国均为世界第一。2022年，我国新能源汽车销量达590万辆；预计2030年，全球新能源汽车年销量有望达到1.03亿辆。而我们对新能源汽车的学习将从新能源汽车的基本构造开始。

任务分组

学生任务分配表见表1-1-1。

表1-1-1　学生任务分配表

班　级		组　号		指导老师	
组　长		学　号			
组　员	姓名：＿＿＿＿	学号：＿＿＿＿	姓名：＿＿＿＿	学号：＿＿＿＿	
	姓名：＿＿＿＿	学号：＿＿＿＿	姓名：＿＿＿＿	学号：＿＿＿＿	
	姓名：＿＿＿＿	学号：＿＿＿＿	姓名：＿＿＿＿	学号：＿＿＿＿	
	姓名：＿＿＿＿	学号：＿＿＿＿	姓名：＿＿＿＿	学号：＿＿＿＿	
任务分工					

（就组织讨论、工具准备、数据采集、数据记录、安全监督、成果展示等工作内容进行任务分工）

获取信息

引导问题1：新能源汽车作为汽车中很重要的车型，请查阅资料并阐述新能源汽车的概念与分类。

_____
_____

知识点提示

新能源汽车的基本认知

新能源汽车，是指采用新型动力系统，完全或者主要依靠新型能源驱动的汽车，包括插电式混合动力（含增程式）汽车、纯电动汽车和燃料电池汽车等。图1-1-1所示为比亚迪e5新能源汽车。

在新能源汽车中，比较典型的还有图 1-1-2 所示的特斯拉 MODEL S 新能源汽车等。新能源汽车的优点如下：

1）无污染、噪声小。
2）结构简单，使用、维修方便。
3）能量转换效率高；同时，可回收制动、下坡时的能量，提高能量的利用效率。
4）可在夜间利用电网的廉价"谷电"进行充电，起到平抑电网峰谷差的作用。

图 1-1-1 比亚迪 e5 新能源汽车

图 1-1-2 特斯拉 MODEL S 新能源汽车

引导问题 2：请查阅相关资料，简述新能源汽车的动力蓄电池包的结构与作用。

考证指南

在交通运输部职业资格中心 2022 年 7 月发布的《新能源汽车检测维修专业能力评价标准》中，就涉及对专业术语的考量，对专业术语有兴趣的同学可以去了解 GB/T 5624—2019《汽车维修术语》和 GB/T 19596—2017《电动汽车术语》，通过新能源汽车检测维修专业能力评价考试可获得由交通运输部职业资格中心颁发的《交通运输专业能力评价合格证书》。

知识点提示

纯电动汽车的构造

纯电动汽车主要由蓄电池包、电驱动系统、整车控制器、充电系统和辅助系统等组成，如图 1-1-3 所示。

一、蓄电池包

蓄电池包主要包括动力蓄电池和蓄电池管理系统（Battery Management System，BMS）等，其功用是向驱动电机提供电能，监测动力蓄电池的使用情况以及控制充电设备向动力蓄电池充电。

1. 动力蓄电池

动力蓄电池是纯电动汽车的能量存储装置，是纯电动汽车的能量来源。动力蓄电池主要包括铅酸蓄电池、金属氢化物镍蓄电池和锂离子蓄电池等。目前，纯电动汽车动力蓄电池主要以锂离子蓄电池为主，特别是三元锂离子蓄电池和磷酸铁锂离子蓄电池。

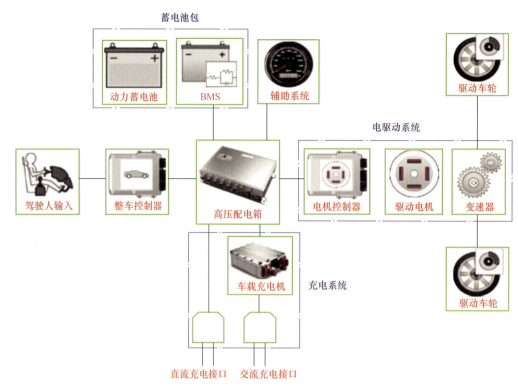

图 1-1-3　纯电动汽车的组成

动力蓄电池一般安装在新能源汽车底部，图 1-1-4 所示为蔚来 ES8 纯电动汽车的动力蓄电池。该动力蓄电池由三元锂单体蓄电池组成，动力蓄电池的能量为 100kW·h，动力蓄电池的总质量为 555kg，NEDC 综合工况续驶里程为 580km。

2. 蓄电池管理系统

BMS 实时监控动力蓄电池的使用情况，对动力蓄电池的电压、内阻、温度、电解液浓度、当前动力蓄电池剩余电量、放电时间、放电电流或放电深度等状态参数进行检测，并按照动力蓄电池对环境温度的要求进行调温控制，通过限流控制，避免动力蓄电池过充电或过放电，通过车载信息显示系统对有关参数进行显示和报警，以便驾驶人随时掌握并配合其操作，按需要及时对动力蓄电池充电并进行维护保养。BMS 的结构与功能各不相同，应与动力蓄电池和整车行驶的需求相匹配。

图 1-1-5 所示为纯电动汽车的动力蓄电池箱结构，可以看到动力蓄电池箱中的动力蓄电池和 BMS。

图 1-1-4　蔚来 ES8 纯电动汽车的动力蓄电池

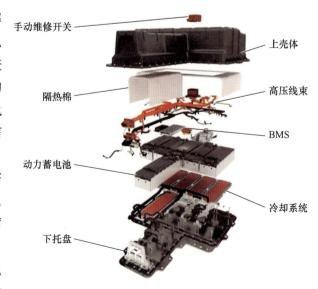

图 1-1-5　纯电动汽车的动力蓄电池箱结构

二、电驱动系统

电驱动系统主要包括驱动电机、电机控制器和变速器,其功能是向驱动车轮提供转矩,是纯电动汽车唯一的驱动装置。

1. 驱动电机

驱动电机在纯电动汽车中承担电动机和发电机双重功能,即在正常行驶时发挥其主要的电动机功能,将电能转化为机械能;而在减速和下坡滑行时又进行发电,承担发电机功能,将车轮的动能转换为电能充入动力蓄电池。驱动电机的类型主要有直流电机、异步电机、永磁同步电机和开关磁阻电机。目前,纯电动汽车使用的驱动电机主要以永磁同步电机和异步电机为主。图 1-1-6 所示为纯电动汽车使用的驱动电机。

2. 电机控制器

电机控制器是按照整车控制器的指令和纯电动汽车的行驶需求,对驱动电机的转速、转矩和旋转方向进行控制。图 1-1-7 所示为纯电动汽车的电机控制器。

图 1-1-6 纯电动汽车使用的驱动电机

图 1-1-7 纯电动汽车的电机控制器

3. 变速器

纯电动汽车没有像燃油汽车那样的多档变速器或无级变速器,常使用驱动电机匹配单级减速器的架构,随着对纯电动汽车性能的要求越来越高,逐渐出现驱动电机匹配两档变速器。单级减速器也称为单档固定齿比变速器,简称为单档变速器。图 1-1-8 所示为单档变速器。

图 1-1-8 单档变速器

为了提高效率,减小布置空间,驱动电机、电机控制器和变速器集成为一体,成为电驱动系统。图 1-1-9 所示为某三合一电驱动系统。该系统峰值功率为 142kW,峰值转矩为 340N·m,峰值转速为 11000r/min,搭载该电驱动系统的纯电动汽车,0~100km/h 的加速时间为 7.6s,最大爬坡度可达 40%。纯电动汽车采用三合一电驱动系统,使底盘结构大大简化,留出了更多空间,用于安装电源系统。

三、整车控制器

整车控制器是纯电动汽车的中枢，它根据驾驶人输入的加速踏板和制动踏板的信号，向电机控制器发出相应的控制指令，对驱动电机进行起动、加速、减速和制动控制。在新能源汽车减速和下坡滑行时，整车控制器配合电源系统的 BMS 进行发电回馈，使动力蓄电池反向充电。整车控制器还对动力蓄电池充放电过程进行控制。对于与汽车行驶状况有关的速度、功率、电压、电流及有关故障诊断等信息还需传输到车载信息显示系统，进行相应的数字或模拟显示。图 1-1-10 所示为纯电动汽车整车控制器。

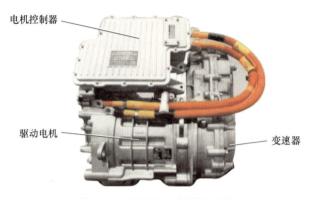

图 1-1-9　某三合一电驱动系统

图 1-1-10　纯电动汽车整车控制器

四、充电系统

充电系统主要包括车载充电机、充电接口和地面充电设备等，主要功能是为纯电动汽车动力蓄电池充电。

1. 车载充电机

车载充电机是把电网供电制式转换为对动力蓄电池充电要求的制式，即把交流电转换为相应电压的直流电，并按要求控制其充电电流，为动力蓄电池充电。车载充电机的发展趋势之一是双向的，既能向纯电动汽车动力蓄电池充电，也可以把多余的电反馈给电网。图 1-1-11 所示为 6.6kW 车载充电机，其外形尺寸为 286mm×280mm×94mm，质量为 6kg；输入电压为 85~264V，输出电压为 108V/144V/336V/384V（可定制）。

图 1-1-11　6.6kW 车载充电机

2. 充电接口

纯电动汽车一般有两个充电接口：一个是直流充电接口，用于动力蓄电池的快速充电（简称快充）；另一个是交流充电接口，用于动力蓄电池的常规充电（又称慢充）。图 1-1-12 所示为某纯电动汽车的充电接口。

3. 地面充电设备

地面充电设备是指给纯电动汽车充电的各种设施，主要包括直流充电站和交流充电桩等。图 1-1-13 所示为给纯电动汽车充电的交流充电桩。

五、辅助系统

辅助系统包括车载信息显示系统和辅助电气设备等。

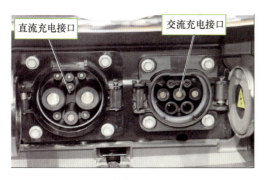

图 1-1-12 某纯电动汽车的充电接口

图 1-1-13 给纯电动汽车充电的交流充电桩

1. 车载信息显示系统

目前，纯电动汽车的车载信息显示系统主要以汽车仪表为主，如图 1-1-14 所示，其具体含义见表 1-1-2。

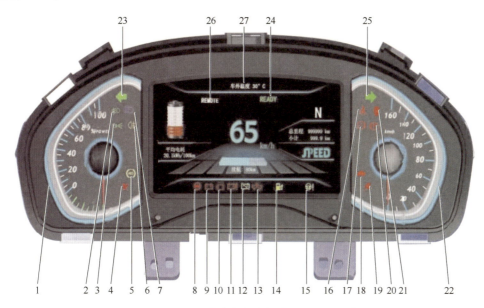

图 1-1-14 纯电动汽车的车载信息显示系统

表 1-1-2 车载信息显示系统的具体含义

序号	名称	序号	名称	序号	名称
1	驱动电机功率表	10	驱动电机及控制器过热指示灯	19	充电线连接指示灯
2	前雾灯	11	动力蓄电池故障指示灯	20	驻车制动器指示灯
3	示廓灯	12	动力蓄电池断开指示灯	21	门开指示灯
4	安全气囊指示灯	13	系统故障灯	22	车速表
5	ABS 指示灯	14	充电提醒灯	23	左转向指示灯
6	后雾灯	15	EPS 故障指示灯	24	READY 指示灯
7	远光灯	16	安全带未系指示灯	25	右转向指示灯
8	跛行指示灯	17	制动故障指示灯	26	REMOTE 指示灯
9	蓄电池故障指示灯	18	防盗指示灯	27	室外温度提示

随着汽车智能化、网联化的发展，车载信息显示系统将向智能座舱发展。智能座舱系统是以车联网为依托，集合丰富的车载传感器、控制器、网络传感器、云端数据、算力资源，基于人工智能技术和先进的人机交互技术，提供友好的人机交互界面，提升车辆行驶安全、通信感知能力、用户体验的汽车座舱软硬件集成系统，其主要由人机交互系统、环境控制系统、影音娱乐系统、信息通信系统和导航定位系统等组成。现阶段大部分座舱产品仍是分布式离散控制，即操作系统互相独立，核心技术体现为模块化、集成化设计。未来，随着高级别自动驾驶逐步应用，芯片和算法等性能增加，座舱产品将进一步升级，一芯多屏、多屏互融、立体式虚拟呈现等技术普及，核心技术体现为进一步集成智能驾驶的能力。未来的智能座舱如图 1-1-15 所示。

图 1-1-15　未来的智能座舱

2. 辅助电气设备

辅助电气设备主要包括电动转向系统、导航系统、电动空调和照明系统等。随着自动驾驶级别的提高，汽车底盘的发展趋势是线控化，即线控转向、线控制动和线控驱动。汽车辅助用电设备会越来越多。

纯电动汽车整车结构认知

❓ **引导问题 3**：通过以上学习，你熟悉纯电动汽车的各个组成部分了吗？接下来我们将学习比亚迪秦 EV 车型的结构，请查阅相关资料，简述比亚迪 e 平台的"33111"的含义。

_____

_____

💡 知识点提示

比亚迪秦EV车型的结构认知

一、秦EV车型的介绍

比亚迪秦 EV 是 2019 年在 33111 的 e 平台上生产的全新一代纯电动轿车，图 1-1-16 所示为秦 EV 的外观图。e 平台让新能源汽车的结构更简单、更安全、更可靠。通过对原本繁杂、分立的零部件进行标准化、集成化设计，让新能源汽车的核心零部件体积变小、重量变轻，满足现代新能源汽车轻量化的要求。

秦 EV 车型的前驱电动总成由电机控制器、驱动电机以及单档变速器组成。充配电总成由车载充电机（OBC）、DC/DC 变换器和高压配电箱组成。前驱电动总成和充配电总成的冷却方式通过电子水泵循环方式进行冷却。

图 1-1-16　秦 EV 的外观图

秦 EV 车型的空调总成由电动压缩机、PTC 加热器、冷却补偿水壶、电子膨胀阀、R134a 制冷剂和冷冻机油 -POE 组成。

二、比亚迪e平台的介绍

e 平台的"33111"第一个"3"代表前驱电动总成，由驱动电机、电机控制器和单档减速器进行三者合一，如图 1-1-17 所示。驱动电机及电机控制器采用直连的方式，可以减少车辆在运行过程中电缆线的能量损耗以及在能量回收过程中的电缆线损耗。因此，减少三相电缆，前驱电动总成的成本降低了 33%，体积减小了 30%，重量也减轻了 25%，功率密度增加了 20%，NEDC 效率提升了 1%，转矩密度增加了 17%。高速传动，带来较高的转矩容量和总成效率的提升。

第二个"3"是指充配电总成，将一个 6.6kW 的 OBC、一个 2.2kW 的 DC/DC 变换器和高压配电（PDU）进行三者合一，如图 1-1-18 所示。充配电总成相较于原来 16/17 款的比亚迪 e5 的高压电控总成体积小、重量轻、功率密度大于 2kW/L、支持电池电压范围更宽，适用于不同车型的不同电池电压平台。充配电总成的作用主要是控制能量流入和流出电池，通过配电箱来做管理和保护。在配电的部分，配电箱主要负责把电池输出的高压电与电机控制器相连接，再与直流充电的回路相连接，并与高压附件（例如空调加热的 PTC、空调压缩机等）进行动力的分配。

第一个"1"表示一块能量密度高、长续航、性能稳定的镍钴锰 622（NCM622）三元锂离子蓄电池模块。蓄电池模块的额定容量为 130A·h，标称电压为 408.8V，单体蓄电池的标称电压为 3.7V。2019 年，投放市场的秦 EV 的动力蓄电池搭载的电量有 40.62kW·h 和 53.13kW·h，对应的续驶里程为 300km 和 400km。动力蓄电池安装在车辆底盘部位，如图 1-1-19 所示。动力蓄电池参数及存储标准见表 1-1-3。

图 1-1-17　秦 EV 前驱电动总成

图 1-1-18　充配电总成（电池加热车型）

图 1-1-19　秦 EV 车型动力蓄电池的安装位置

表 1-1-3　秦 EV 车型动力蓄电池参数及存储标准

性能指标	规格（300km）	规格（400km）	备注
动力蓄电池容量	105A·h	130A·h	（23±2）℃、1C 充电、1C 放电
额定电压	386.9V	408.8V	
充电截止电压	4.2V	4.2V	充电截止
放电截止电压	2.5V	2.5V	放电截止
充电温度	−20~65℃	−20~65℃	与 BMS 配套使用

(续)

性能指标	规格（300km）	规格（400km）	备 注
放电温度	−30~65℃	−30~65℃	与 BMS 配套使用
存储温度	−40~40℃，短期存储（3 个月）25% ≤ SOC ≤ 40%		
	−20~35℃，长期存储（<1 年）30% ≤ SOC ≤ 40%		
重量	≥ 350kg		

　　第二个"1"表示一块高度集成的 PCB 板——集成式车身控制器，如图 1-1-20 所示，它将传统汽车内的多块控制器集中整合在一个控制器内，整车的线束减少了线束约 50 根，从而大大减轻了控制器的重量、节省了空间、降低了车辆能耗。在功能上，这块集成式车身控制器集成了仪表、空调、音响、智能钥匙、倒车辅助和门窗等十多项原本分立的控制模块。集成式车身控制器安装在驾驶室转向盘下方，如图 1-1-21 所示。

图 1-1-20　秦 EV 车型集成式车身控制器

图 1-1-21　秦 EV 车型左域控制器（安装位置）

　　以 2021 款秦 EV 车型为例，安装比亚迪最新的集成式车身控制器，集成度更高，进一步降低线束的使用。行业内称"低压十合一"。比亚迪内部称为左域控制器，主要功能见表 1-1-4。

表 1-1-4　集成式车身控制器（左域控制器）的功能

零组件名称		功　　能
集成式车身控制器	驻车辅助系统模块	驻车辅助系统，即在倒车时能探测监控范围内的障碍物，给驾驶人发出视觉和听觉信号，以提高汽车停车安全性的辅助装置，驻车辅助系统模块为控制探头、判断是否有障碍物并发出视觉和听觉信号的控制模块
	信息站（蓝牙钥匙）	蓝牙钥匙系统包括车辆端的蓝牙模块、手机 APP 应用程序。采用蓝牙技术使智能收集与车辆进行近距离连接，对车辆进行安全的解闭锁
	网关控制器总成	网关是一种实现不同通信网络模块间进行通信的信息转换单元（类似路由器）
	智能钥匙系统控制器	驱动天线发射低频钥匙探测信号、接收并验证钥匙信息，与车身控制模块进行 CAN 通信请求实现开、闭锁及起动功能
	高频接收模块	接收钥匙发射的高频信号，并能将其携带的信息解调出来，同时发送给智能钥匙系统控制器的装置
	车身控制模块	车身控制模块是具有控制门锁、灯光、启动配电等功能的控制模块

（续）

零组件名称		功　能
集成式车身控制器	空调及电池热管理控制器	驾驶舱空调具有供暖、制冷和驻车通风等功能。电池热管理控制器可以根据动力蓄电池的需求，给电池加热或制冷
	发动机音模拟器	根据法规要求，在车速小于30km/h时，发动机音模拟器需要发声用于提示
组合仪表显示屏	组合仪表＋组合仪表控制器（属于集成式车身控制器）	用于显示车速、功率、里程、档位、时间、指示灯、行车信息和报警等提示信息

第三个"1"表示一块搭载"DiLink"智能旋转大屏，如图1-1-22所示。在功能上，这块智能旋转大屏同时兼备了空调控制面板、音响控制面板和信息娱乐显示屏的功能。

进行决策

1）各组派代表阐述资料查询结果。

2）各组就各自的查询结果进行交流，并分享技巧。

3）教师结合各组完成的情况进行点评，并选出最佳方案。

图 1-1-22　DiLink 智能旋转大屏

任务实施

一、准备工作

1）工具：比亚迪秦EV整车1辆、作业保护设备（车外、车内三件套）1套、安全设施（车轮挡块、警示隔离带等）1套、水彩笔、空白卡片1副、喷胶1管。

2）场地：任务实施前需要做好场地防护准备以及检查实训场地和设备设施是否存在安全隐患，如不正常请向老师汇报并进行处理。

3）安全防护：注意车辆或台架电压保护。

二、实训记录

以 2019 款秦 EV 为例，外观如图 1-1-23 所示。

1. 认识底盘系统

认识底盘系统组件的完成情况见表 1-1-5。

图 1-1-23　2019 款秦 EV 的外观

表 1-1-5　认识底盘系统组件的完成情况

序　号	组　件	完成情况	
1	承载式的车体结构，前置前驱	□完成	□未完成
2	前悬架采用麦弗逊式独立悬架	□完成	□未完成
3	后悬架采用扭力梁式非独立悬架	□完成	□未完成
4	电动助力转向盘	□完成	□未完成

2. 认识整车构造

认识整车构造组件的完成情况见表 1-1-6，秦 EV 整车构造如图 1-1-24 所示。

表 1-1-6 认识整车构造组件的完成情况

序号	组件	完成情况	序号	组件	完成情况
1	左前轮（右前轮）	□完成 □未完成	9	充电口	□完成 □未完成
2	传动轴（左右）	□完成 □未完成	10	12V 用电器	□完成 □未完成
3	主减速器	□完成 □未完成	11	PTC	□完成 □未完成
4	前驱电机	□完成 □未完成	12	压缩机	□完成 □未完成
5	电机控制器	□完成 □未完成	13	空调控制器	□完成 □未完成
6	整车控制器	□完成 □未完成	14	动力蓄电池	□完成 □未完成
7	档位控制器	□完成 □未完成	15	漏电保护器	□完成 □未完成
8	充配电总成	□完成 □未完成	16	蓄电池管理器	□完成 □未完成

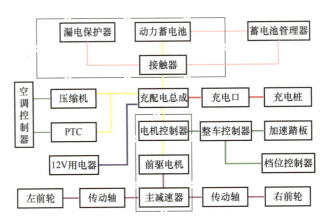

图 1-1-24 秦 EV 整车构造

3. 认识高压组件

认识高压组件的完成情况见表 1-1-7，2019 款秦 EV 前舱如图 1-1-25 所示。

表 1-1-7 认识高压组件的完成情况

序号	组件	完成情况
1	6kW 车载充电器	□完成 □未完成
2	2.2kWDC/DC 集成	□完成 □未完成
3	动力蓄电池	□完成 □未完成
4	PTC 加热器	□完成 □未完成
5	前驱电动总成	□完成 □未完成
6	充配电总成	□完成 □未完成

图 1-1-25 2019 款秦 EV 前舱

4. 认识前驱电动总成

1）认识前驱电动总成的结构与功能。

认识驱动三合一组件的完成情况见表 1-1-8。

表 1-1-8　认识驱动三合一组件的完成情况

项　目	组　件	完 成 情 况
驱动三合一	电机控制器	□完成　□未完成
	驱动电机（永磁同步电机）	□完成　□未完成
	单档变速器	□完成　□未完成

2）前驱电动总成参数记录。

驱动三合一组件参数见表 1-1-9。

表 1-1-9　驱动三合一组件参数

项　目	组　件	参　数	完 成 情 况
驱动三合一	电机控制器	最大输出转矩： 最大输出转速：	□完成　□未完成
	驱动电机（永磁同步电机）	正弦阻值： 余弦阻值： 励磁阻值：	□完成　□未完成
	单档变速器	变速器油油量： 变速器油类型：	□完成　□未完成

5. 认识动力蓄电池

动力蓄电池参数见表 1-1-10。

表 1-1-10　动力蓄电池参数

参　数	续航 300km 版	续航 400km 版	完 成 情 况
节数			□完成　□未完成
标称电压 /V			□完成　□未完成
容量 /(A·h)			□完成　□未完成
电量 /(kW·h)			□完成　□未完成
模组个数			□完成　□未完成
BIC 解析数量			□完成　□未完成
接触器类型			□完成　□未完成

6. 认识充电系统

充电系统组件与充电方式见表 1-1-11。

7. 认识空调系统

空调系统参数与组件见表 1-1-12。

表 1-1-11　充电系统组件与充电方式

项　目	组　件	完成情况
充电系统	直流充电口	☐完成　☐未完成
	交流充电口	
	蓄电池管理器	
	充配电总成	
	动力蓄电池	
	车载充电器	
	充电桩	
	便捷式充电设备	
了解充电方式	直流充电	☐完成　☐未完成
	交流充电	

表 1-1-12　空调系统参数与组件

步　骤	内　容	完成情况
了解制冷系统参数	电动压缩机额定功率　　　　kW	☐完成　☐未完成
	高压压力　　　MPa	
	低压压力　　　MPa	
	制冷剂：　　加注量：　　g	
	冷冻机油：　　加注量：　　mL	
认识制冷系统组件	压力传感器、电子膨胀阀（高压管路）、温度压力传感器（低压管路）	☐完成　☐未完成

8. 认识加热系统

加热系统组件完成情况见表 1-1-13。

表 1-1-13　加热系统组件完成情况

组　件	完成情况
PTC 加热器	☐完成　☐未完成
暖风芯体	☐完成　☐未完成
其他组件	☐完成　☐未完成

9. 认识电控冷却系统

电控冷却系统组件及原理见表 1-1-14。

表 1-1-14　电控冷却系统组件及原理

项　目	描　述	完成情况
认识组件	副水箱总成、驱动电机、散热器总成、电动水泵、充配电总成、电机控制器	□完成　□未完成
冷却系统原理	(副水箱总成 → 散热器总成 → 电动水泵 → 充配电总成 → 电机控制器 → 驱动电机；电控水泵)	□完成　□未完成
冷却液的特点	乙二醇型冷却液、长效防锈冷却液（常温性：冰点 –25℃，适用于南方全年及北方夏季；耐寒性：冰点 –40℃，适用于北方冬季）	□完成　□未完成

10. 制动助力系统

制动助力系统的组件与工作原理见表 1-1-15，2019 款秦 EV 制动系统的结构如图 1-1-26 所示。

表 1-1-15　制动助力系统的组件与工作原理

步　骤	内　容	完成情况
认识组件	电子真空泵、真空管路、真空压力传感器、制动主缸、带真空助力器	□完成　□未完成
了解工作原理	系统由整车控制器进行控制，对真空压力传感器和制动踏板位置传感器进行检测，现对真空泵进行控制，并在真空压力传感器故障时确保提供足够的制动力，以保证行车安全	□完成　□未完成

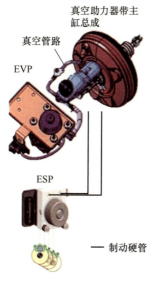

图 1-1-26　2019 款秦 EV 制动系统的结构

评价反馈

1）各组代表展示汇报PPT，介绍任务的完成过程。
2）以小组为单位，请对各组的操作过程与操作结果进行自评和互评，并将结果填入表1-1-16。

表1-1-16　学生评价表

姓名		学号				班级				组别			
实训任务													
评价项目	分值	等级				评价对象（组别）							
		A	B	C	D	1	2	3	4	5	6	7	8
方案合理	20	20	15	10	5								
团队合作	20	20	15	10	5								
工作质量	20	20	15	10	5								
工作规范	20	20	15	10	5								
汇报展示	20	20	15	10	5								
合计	100	各组得分											
总结与反思													

（如：学习过程中遇到什么问题→如何解决的/解决不了的原因→心得体会）

3）教师对学生工作过程与工作结果进行评价，并将评价结果填入表 1-1-17。

表 1-1-17　教师对学生评价表

姓名			学号		班级		组别	
实训任务								
评价项目			评价标准				分值	得分
考勤（10%）			无故意迟到、早退和旷课的现象				10	
工作过程（60%）	知识目标	获取信息	掌握工作相关知识				10	
		进行决策	制订工作方案，方案合理可行				10	
	技能目标	任务实施	能够认知比亚迪秦 EV 车型动力蓄电池系统的组成及其在车上的位置				5	
			能够认知比亚迪秦 EV 车型电驱动系统的组成及其在车上的位置				5	
			能够认知比亚迪秦 EV 车型充电系统的组成及其在车上的位置				5	
			能够认知比亚迪秦 EV 车型辅助系统的组成及其在车上的位置				5	
	素养目标	工作态度	认真严谨、积极主动、安全生产、文明施工				5	
		团队合作	与小组成员、同学之间合作交流，协调工作				5	
项目成果（30%）		工作质量	能按照工作方案操作，按计划完成工作任务				10	
		工作完整	能按时完成工作任务的所有环节				10	
		工作规范	能在整个操作过程中规范操作，避免意外事故的发生				10	
		汇报展示	能准确表达、汇报工作成果				10	
合计							100	
综合评价			学生评价（50%）		教师评价（50%）		综合得分	
			（作业过程中存在的问题及改进建议）					
综合评语								

任务二 混合动力汽车的认知

任务目标

知识目标
1. 了解混合动力汽车的定义。
2. 了解混合动力汽车的分类。

技能目标
1. 能准确说出混合动力汽车的结构。
2. 能熟练说出混合动力汽车的分类。

素养目标
1. 具备从多途径的信息源中检索专业知识的能力。
2. 获得分析问题和解决问题的基本方法。
3. 与小组成员交流、讨论学习成果，取长补短，完成自我提升。

任务框图

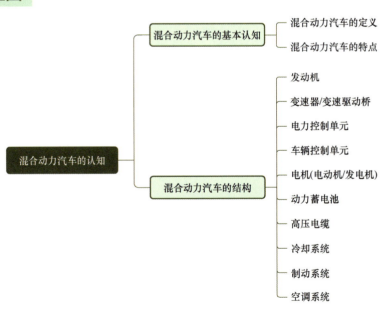

任务导入

小李是比亚迪汽车 4S 店的服务顾问，客户张先生对秦 DM 混合动力汽车特别感兴趣，想让小李介绍一下该款混合动力汽车的结构。假如你是小李，你能向张先生介绍这款混合动力汽车的结构吗？

任务分组

学生任务分配表见表 1-2-1。

表 1-2-1　学生任务分配表

班　级		组　号		指导老师	
组　长		学　号			
组　员	姓名：＿＿＿＿＿＿ 姓名：＿＿＿＿＿＿ 姓名：＿＿＿＿＿＿ 姓名：＿＿＿＿＿＿	学号：＿＿＿＿＿＿ 学号：＿＿＿＿＿＿ 学号：＿＿＿＿＿＿ 学号：＿＿＿＿＿＿	姓名：＿＿＿＿＿＿ 姓名：＿＿＿＿＿＿ 姓名：＿＿＿＿＿＿ 姓名：＿＿＿＿＿＿	学号：＿＿＿＿＿＿ 学号：＿＿＿＿＿＿ 学号：＿＿＿＿＿＿ 学号：＿＿＿＿＿＿	
任务分工					

（就组织讨论、工具准备、数据采集、数据记录、安全监督、成果展示等工作内容进行任务分工）

 获取信息

 引导问题 1：什么是混合动力汽车？请查阅资料，并简述混合动力汽车的概念。

_____

_____

考证指南

　　在交通运输部职业资格中心 2022 年 7 月发布的《新能源汽车检测维修专业能力评价标准》中，明确对混合动力新能源汽车专业术语进行解释，指的是至少有两类车载储存的能量中获得动力的汽车：可消耗的燃料、可再充电能 / 能量储存装置。同时，对混合动力汽车类型进行详细的划分，感兴趣的同学可以去了解 GB/T 5624—2019《汽车维修术语》和 GB/T 19596—2017《电动汽车术语》，通过新能源汽车检测维修专业能力评价考试可获得由交通运输部职业资格中心颁发的《交通运输专业能力评价合格证书》。

 知识点提示

混合动力汽车的基本认知

一、混合动力汽车的定义

混合动力汽车是指能够至少从两类车载储存的能量中获得动力的汽车：可消耗的燃料、可再充电能 / 能量储存装置。

通过在混合动力汽车上使用电机，使动力系统可以按照整车的实际运行工况要求进行灵活调控，让发动机始终保持在综合性能最佳的区域内工作，从而降低油耗与排放。在混合动力汽车中，比较典型的有图1-2-1所示的比亚迪唐混合动力汽车等。

二、混合动力汽车的特点

混合动力汽车是将发动机、电机、能量储存装置（蓄电池）等组合在一起，它们之间的良好匹配和优化控制，可充分发挥发动机汽车和新能源汽车的优点，避免各自的不足。

图1-2-1　比亚迪唐混合动力汽车

1. 混合动力汽车的主要特点

1）采用小排量的发动机，降低了燃油消耗。
2）可以使发动机经常工作在高效低排放区，提高了能量转换效率，降低了排放。
3）将制动、下坡时的能量回收到蓄电池中再次利用，降低了燃油消耗。
4）在繁华市区，可关停发动机，由电动机单独驱动，实现了"零排放"。
5）电动机和发动机联合驱动提高了车辆动力性，提升了驾驶乐趣。
6）利用现有的加油设施，具有与传统燃油汽车相同的续驶里程。

2. 与传统汽车相比，混合动力汽车的优点

1）可使发动机在最佳的工况区域稳定运行，避免或减少了发动机变工况下的不良运行，使发动机的尾气排放和油耗大大降低。
2）在人口密集的商圈和居民区等地可用纯电动模式驱动车辆，实现零排放。
3）可配备功率较小的发动机。因为车辆可通过电动机/发电机提供动力，并且可通过电动机/发电机回收汽车减速和制动时的能量，进一步降低了车辆的能耗和尾气排放。

3. 与纯电动汽车相比，混合动力汽车的优点

1）因为混合动力汽车配备了两种动力系统，动力蓄电池的数量和重量可减少，因此，汽车的重量可以减轻。
2）车辆的续驶里程和动力性可达到传统汽车的水平。
3）借助发动机的动力，可驱动附属设备（如空调、真空助力、转向助力等），不用消耗动力蓄电池有限的电能，从而保证了驾驶和乘坐的舒适性。

混合动力汽车构造认知

❓ **引导问题2**：请查阅相关资料，简述混合动力汽车的结构组成。

_____
_____

💡 知识点提示

混合动力汽车的结构

典型的混合动力汽车的混合动力系统主要由发动机、变速器/变速驱动桥、电力控制单元、

车辆控制单元、电动机/发电机、动力蓄电池、高压电缆、冷却系统、制动系统和空调系统等组成。博世公司开发的混合动力系统的组成如图1-2-2所示。

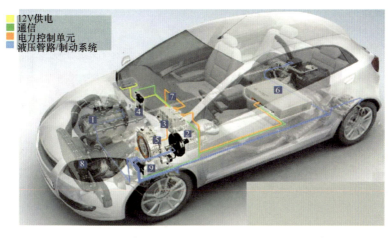

图 1-2-2　博世公司开发的混合动力系统的组成

1—发动机　2—变速器　3—电力控制单元　4—车辆控制单元　5—电动机/发电机
6—动力蓄电池　7—高压电缆　8—冷却系统　9—制动系统

一、发动机

混合动力汽车的工作与传统汽车有所不同，混合动力汽车中的发动机需较长时间内以高功率运转，而不需频繁改变功率输出。到目前为止，专为混合动力汽车设计的发动机还没有得到充分的开发。

混合动力汽车可以采用四冲程发动机（包括汽油机和柴油机）、二冲程发动机（包括汽油机和柴油机）、转子发动机、燃气轮机和斯特林发动机等。丰田和本田的混合动力系统一般都是配备阿特金森循环发动机，如图1-2-3所示。

a)　　　　　　　　　　　　　　b)

图 1-2-3　阿特金森循环发动机

a）2017丰田普锐斯发动机及动力总成　b）2017本田雅阁发动机及动力总成

二、变速器/变速驱动桥

混合动力汽车的变速器/变速驱动桥主要有两种形式：一种是在传统汽车变速器/变速驱动桥的基础上，即在发动机与变速器/变速驱动桥之间加入电机（电动机/发电机），如图1-2-4所示；另一种是在传统汽车变速器/变速驱动桥转矩输入端和发动机转矩输出端之间加入电机

（电动机/发电机），与传统车辆上变速器/变速驱动桥的区别不大，如图1-2-5所示。

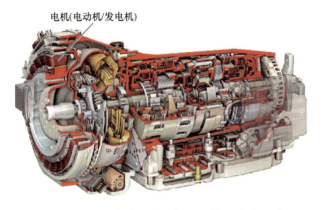

图1-2-4　发动机与变速器/变速驱动桥之间加入电机

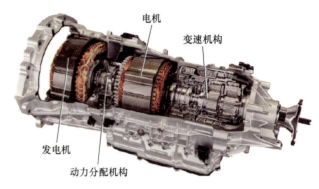

图1-2-5　电机在变速器/变速驱动桥内部

三、电力控制单元

电力控制单元主要集成了电压变换器和逆变器，内部有冷却液管路。它主要用于升降电压和直流交流转换等。

图1-2-6所示为丰田THS-Ⅱ混合动力系统的电力控制单元主体，其主要由集成电路控制面板、双面散热的功率半导体元件、层叠型冷却器及电容器等构成。电力控制单元内的功率半导体从两面进行冷却，过去采用的是单面冷却。

图1-2-6　丰田THS-Ⅱ混合动力系统的电力控制单元主体

四、车辆控制单元

车辆控制单元负责混合动力系统的综合控制，主要包括发动机、电子控制无级变速器和高压蓄电池等。例如，丰田THS-Ⅱ混合动力系统中的车辆控制单元主要实现以下几个功能：

1）接收来自各传感器及ECU（蓄电池电压传感器、防滑控制ECU和动力转向ECU）的信息，并基于该信息，计算出所需转矩及输出功率。混合动力车辆控制单元将计算结果发送到逆变器和防滑控制ECU。

2）根据目标发动机转速和所需发动机原动力控制智能电子节气门控制系统。

3）监视动力蓄电池的充电状态（SOC）。

4）控制动力蓄电池的冷却风扇和 DC/DC 变换器的冷却风扇。

5）控制 DC/DC 变换器。

五、电机（电动机/发电机）

电机（电动机/发电机）在混合动力系统中扮演着重要角色，如图 1-2-7 所示。当混合动力汽车需要利用电力辅助行驶时，电机（电动机/发电机）就充当电动机角色，将电能转化为机械能。电机（电动机/发电机）驱动作为辅助动力，来降低燃料的消耗和实现"低污染"，或在纯电动驱动模式时实现"零污染"。当混合动力汽车需要再生充电或作为补充充电时，电机（电动机/发电机）就充当发电机的角色，将机械能转化为电能存储起来或给其他电机补充供电。

图 1-2-7　奥迪 Q7 e-tron 中的电机

混合动力汽车上电机系统的工作条件及工作模式与传统电动机相比有着很大的区别，这使工业电动机并不适合应用在汽车上。混合动力汽车可以采用直流电机、交流感应电机、永磁电机和开关磁阻电机等。随着混合动力汽车的发展，直流电机已经很少采用，多数采用感应电机和永磁电机，开关磁阻电机应用也得到重视，还可以采用特种电机作为混合动力汽车的驱动电机。

六、动力蓄电池

混合动力汽车具有两个蓄电池：一个是 12V 蓄电池，也称为辅助蓄电池，它主要是为车上常规的用电器提供电压；另一个是高压蓄电池，也称为动力蓄电池（图 1-2-8），它存储发电机所产生的电能，向电机供电，同时经过 DC/DC 变换器降压后向车辆 12V 蓄电池和车身电器等供电。混合动力汽车的动力蓄电池电压从 36~600V 以上不等，所有混合动力设计都采用串联连接的蓄电池，以获取所需的直流电源电压。

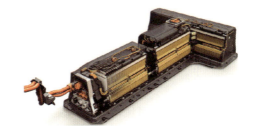

图 1-2-8　通用雪佛兰 Volt 车辆上的动力蓄电池

七、高压电缆

高压电缆主要用于混合动力汽车高压电路的连接，它的横截面面积较大。高压电缆的颜色为橙色，如图 1-2-9 所示。

八、冷却系统

混合动力汽车一般有动力蓄电池冷却系统和发动机冷却系统这两个相互独立的冷却系统，起动发电机由发动机冷却系统进行冷却。奥迪 A3 e-tron 混合动力汽车冷却系统如图 1-2-10 所示。

图 1-2-9　高压电缆

图 1-2-10　奥迪 A3 e-tron 混合动力汽车冷却系统

九、制动系统

混合动力汽车的制动系统除了执行制动控制外，还有另外一个重要任务就是能量再生制动回收。图 1-2-11 所示为奥迪 Q5 hybrid 车型采用的电动液压组合制动器系统图。

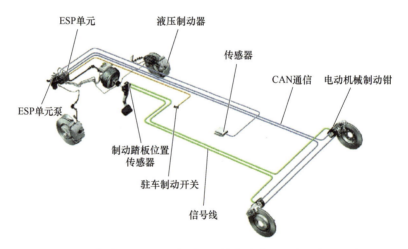

图 1-2-11　奥迪 Q5 hybrid 车型采用的电动液压组合制动器系统图

十、空调系统

混合动力汽车暖风模式主要采用 PTC 加热，冷风模式的压缩机一般采用电动压缩机，PTC 和压缩机都由高压系统直接供电。图 1-2-12 所示为奥迪 Q7 e-tron 的空调系统图。

进行决策

1）各组派代表阐述资料查询结果。
2）各组就各自的查询结果进行交流，并分享技巧。
3）教师结合各组完成的情况进行点评，并选出最佳方案。

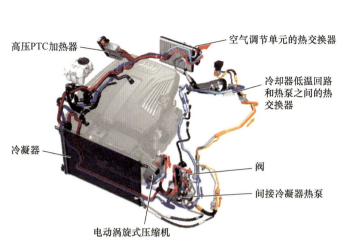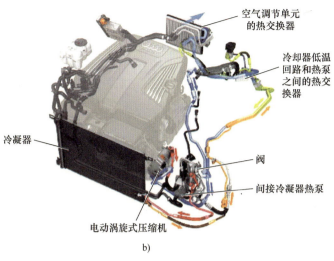

图 1-2-12　奥迪 Q7 e-tron 空调系统图
a）暖风模式　b）冷风模式

任务实施

一、准备工作

1）工具：比亚迪秦 DM2017 混动版 1 辆、作业保护设备（车外、车内三件套）1 套、安全设施（车轮挡块、警示隔离带等）1 套、水彩笔、空白卡片 1 副、喷胶 1 管。

2）场地：任务实施前需要做好场地防护准备以及检查实训场地和设备设施是否存在安全隐患，如不正常请汇报老师并进行处理。

3）安全防护：注意车辆或台架电压保护。

二、实训记录（认识比亚迪秦DM2017）

1. 认识整车参数

根据该车型用户手册，了解整车有关参数，并与秦 EV 进行比较。图 1-2-13 所示为比亚迪秦 DM2017，也称为秦 100，该实训中简称秦 DM。比亚迪秦 DM 整车参数见表 1-2-2。

图 1-2-13　比亚迪秦 DM2017

表 1-2-2　比亚迪秦 DM 整车参数

产品型号名称	插电式混合动力轿车 BYD7150WT5HEV4	
外形尺寸（长 /mm）×（宽 /mm）×（高 /mm）	4740 × 1770 × 1480	
轮距（前 /mm）×（后 /mm）	1525 × 1520	
轴距 /mm	2670	
整车质量 /kg	1760	1785
满载质量 /kg	2135	2160
空载 /kg	前轴 1060/1075	后轴 700/710

(续)

产品型号名称		插电式混合动力轿车 BYD7150WT5HEV4	
满载 /kg		前轴 1170/1185	后轴 965/975
轮胎	规格	205/50 ZR17，205/50 R17，205/55 R16	
	胎压 /kPa	270	
车轮平衡要求 /g		≤ 10	
车轮定位参数	前轮外倾角 /(°)	—	
	前轮前束 /mm	0.16 ± 0.2	
	主销内倾角 /(°)	—	
	主销后倾角 /(°)	—	
	后轮外倾角 /(°)		
	后轮前束 /mm	0.16 ± 0.25	
制动踏板自由行程 /mm		≤ 5	
制动摩擦 /mm		前摩擦材料：2~13　后摩擦材料：2~11 前制动盘：24~26　后制动盘：8~10	
接近角（满载 /°）		14	
离去角（满载 /°）		16	
前悬 /mm		1020	
后悬 /mm		1050	
乘员数		5	
最高车速 /（km/h）		185	
混动模式最大爬坡度 /%		≥ 40	
纯电模式最大爬坡度 /%		≥ 30	
发动机型号		BYD476ZQA-2	
形式		缸内直喷、直列四缸、四冲程、水冷、篷型燃烧室、双顶置凸轮轴、16 气门、电子点火	
排量 /mL		1497	
额定功率 /［kW/（r/min）］		113/5200	
发动机最大净功率 /kW		105	
额定转矩 /［N·m/（r/min）］		240/（1750~3500）	
综合工况油耗 /（L/100km）		1.2~1.4	

2. 认识发动机 BYD476ZQA-2 参数

查看汽车用户手册，查看发动机参数，见表 1-2-3。

3. 认识 TB10 发动机电控系统基本组件

比亚迪秦 DM 发动机电控系统完成情况见表 1-2-4，比亚迪秦 DM 发动机结构如图 1-2-14 所示。

项目一　新能源汽车基本构造

表 1-2-3　比亚迪秦 DM 发动机参数

项　目	参　数	完成情况	
形式		□完成	□未完成
标定功率		□完成	□未完成
最大转矩／转速		□完成	□未完成
缸径 × 行程		□完成	□未完成
发动机排量		□完成	□未完成
压缩比		□完成	□未完成
气门结构		□完成	□未完成
燃油种类		□完成	□未完成
供油方式		□完成	□未完成
点火顺序		□完成	□未完成
机油		□完成	□未完成
尾气排放系统		□完成	□未完成
增压		□完成	□未完成
凸轮轴调节		□完成	□未完成
气缸体材质		□完成	□未完成

表 1-2-4　比亚迪秦 DM 发动机电控系统完成情况

组　件	完成情况		组　件	完成情况	
电子控制单元（ECU）	□完成	□未完成	高压油轨	□完成	□未完成
电子节气门体	□完成	□未完成	凸轮轴位置传感器	□完成	□未完成
OCV 电磁阀	□完成	□未完成	爆燃传感器	□完成	□未完成
高压喷油器	□完成	□未完成	转速传感器	□完成	□未完成
进气压力／温度传感器	□完成	□未完成	炭罐电磁阀	□完成	□未完成
低压油泵及控制模块	□完成	□未完成	氧传感器	□完成	□未完成
冷却液温度传感器	□完成	□未完成	点火线圈	□完成	□未完成
油压传感器	□完成	□未完成	涡轮增压器空气循环阀	□完成	□未完成
高压油泵	□完成	□未完成	增压限制电磁阀	□完成	□未完成

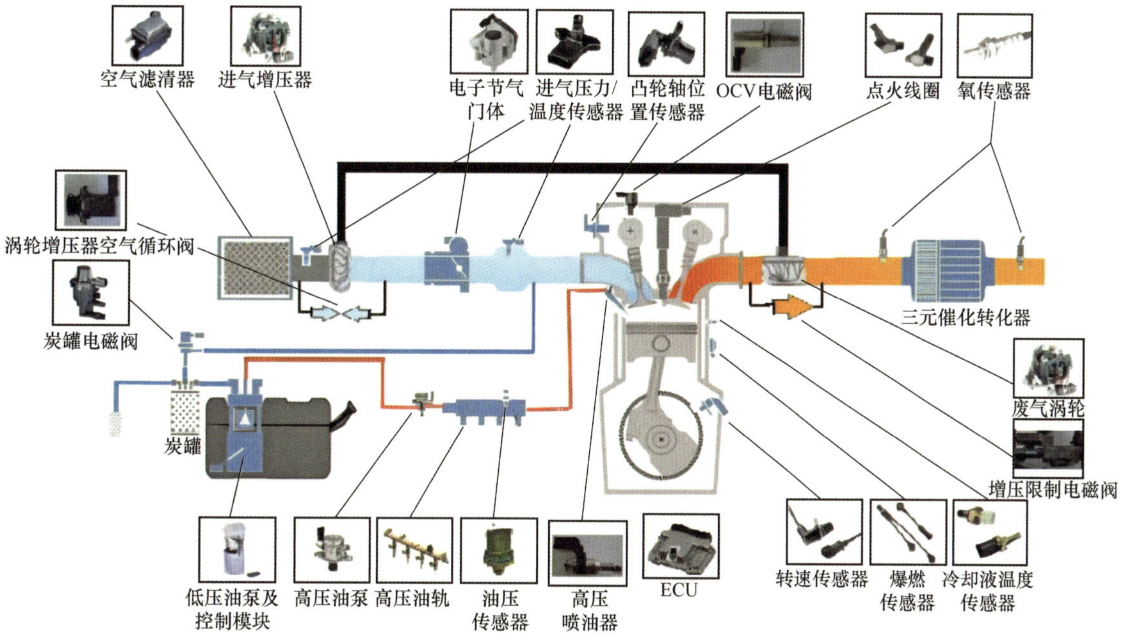

图 1-2-14　比亚迪秦 DM 发动机结构

4. 认识低压电器

（1）认识辅助蓄电池　比亚迪秦 DM 辅助蓄电池标准电压及组件见表 1-2-5。

表 1-2-5　比亚迪秦 DM 辅助蓄电池标准电压及组件

项　目	组件或参数	完成情况	
12V 铅酸蓄电池标准电压 /V	—	□完成	□未完成
12V 铅酸蓄电池组件	蓄电池内部蓄电池管理器	□完成	□未完成
	铁电池	□完成	□未完成

（2）认识防盗系统　比亚迪秦 DM 防盗状态见表 1-2-6。

表 1-2-6　比亚迪秦 DM 防盗状态

防盗系统	状态描述	完成情况	
非防盗状态	报警功能不工作 防盗系统不工作	□完成	□未完成
防盗设定状态	进入防盗状态之前的状态	□完成	□未完成
	防盗系统不工作	□完成	□未完成
防盗状态	防盗系统工作	□完成	□未完成
报警状态	报警系统工作	□完成	□未完成

（3）测试防盗系统　比亚迪秦 DM 防盗系统测试见表 1-2-7。

表 1-2-7　比亚迪秦 DM 防盗系统测试

报警形式			完成情况	
防盗报警指示灯闪烁	频率：	次 /min	□完成	□未完成
危险警告灯闪烁	频率：	C/min	□完成	□未完成
防盗报警器响	频率：	次 /min	□完成	□未完成
报警持续时间：		s	□完成	□未完成

5. 认识空调系统组件及参数

比亚迪秦 DM 空调系统组件完成情况见表 1-2-8，比亚迪秦 DM 空调冷却系统如图 1-2-15 所示。

表 1-2-8　比亚迪秦 DM 空调系统组件完成情况

组　件	完成情况	
动力蓄电池冷却系统	□完成	□未完成
动力蓄电池冷却副水箱	□完成	□未完成
动力蓄电池冷却控制器	□完成	□未完成
动力蓄电池冷却水泵	□完成	□未完成
动力蓄电池冷却板总成	□完成	□未完成
热交换器	□完成	□未完成
电子膨胀阀	□完成	□未完成

（续）

组　件	参数情况	完成情况
冷却系统开始工作温度	温度：　　℃	□完成　□未完成
制冷剂	型号：　　加注量：　　g	□完成　□未完成
冷冻机油	型号：　　加注量：　　L	□完成　□未完成
冷却液	型号：　　加注量：　　L	□完成　□未完成

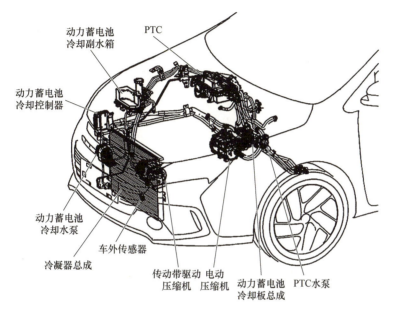

图 1-2-15　比亚迪秦 DM 空调冷却系统

6. 认识高压电器

比亚迪秦 DM 高压电器及动力蓄电池见表 1-2-9，比亚迪秦 DM 高压电器如图 1-2-16 所示。

表 1-2-9　比亚迪秦 DM 高压电器及动力蓄电池

器　件	组　件	完成情况
高压电器	动力蓄电池	□完成　□未完成
	电机控制器	
	DC/DC 变换器	
	PTC 加热器	
	电动压缩机	
	漏电传感器	
	车载充电器	

器　件	参数情况	完成情况
动力蓄电池	1）5 个蓄电池模块、11 个信息采集器、单节 3.6V 共 144 节，额定总电压为 518V，总电量为 17kW·h 2）熔丝盒：分压接触器、熔丝（315A）	□完成　□未完成

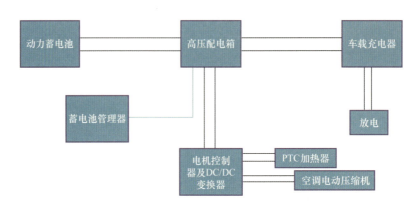

图 1-2-16　比亚迪秦 DM 高压电器

评价反馈

1）各组代表展示汇报 PPT，介绍任务的完成过程。

2）以小组为单位，请对各组的操作过程与操作结果进行自评和互评，并将结果填入表 1-2-10。

表 1-2-10　学生评价表

姓名		学号				班级			组别			
实训任务												
评价项目	分值	等级				评价对象（组别）						
		A	B	C	D	1	2	3	4	5	6	7	8
方案合理	20	20	15	10	5								
团队合作	20	20	15	10	5								
工作质量	20	20	15	10	5								
工作规范	20	20	15	10	5								
汇报展示	20	20	15	10	5								
合计	100	各组得分											
总结与反思													

（如：学习过程中遇到什么问题→如何解决的/解决不了的原因→心得体会）

3）教师对学生工作过程与工作结果进行评价，并将评价结果填入表 1-2-11。

表 1-2-11　教师对学生评价表

姓名				学号		班级		组别	
	实训任务								
	评价项目			评价标准				分值	得分
	考勤（10%）			无无故迟到、早退和旷课的现象				10	
工作过程（60%）	知识目标		获取信息	掌握工作相关知识				10	
			进行决策	制订工作方案，方案合理可行				10	
	技能目标		任务实施	能够认知比亚迪秦 DM 车型发动机在车上的位置				5	
				能够认知比亚迪秦 DM 车型电机在车上的位置				5	
				能够认知比亚迪秦 DM 车型动力蓄电池在车上的位置				5	
				能够认知混合动力汽车的高压电缆				5	
	素养目标		工作态度	认真严谨、积极主动、安全生产、文明施工				5	
			团队合作	与小组成员、同学之间合作交流，协调工作				5	
项目成果（30%）			工作质量	能按照工作方案操作，按计划完成工作任务				10	
			工作完整	能按时完成工作任务的所有环节				10	
			工作规范	能在整个操作过程中规范操作，避免意外事故的发生				10	
			汇报展示	能准确表达、汇报工作成果				10	
				合计				100	
综合评价			学生评价（50%）		教师评价（50%）			综合得分	
综合评语			（作业过程中存在的问题及改进建议）						

任务三　其他类型新能源汽车的认知

任务目标

知识目标
1. 了解燃料电池汽车的基本概念。
2. 了解燃料电池汽车的结构。

技能目标
1. 能准确说出燃料电池汽车的基本概念。
2. 能熟练说出燃料电池汽车的各部分结构。

素养目标
1. 获得分析问题和解决问题的基本方法。
2. 尝试多元化思考解决问题的方法，形成创新意识。
3. 养成定期反思与总结的习惯，改进不足，精益求精。
4. 与小组成员交流、讨论学习成果，取长补短，完成自我提升。

任务框图

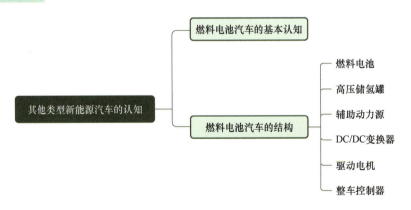

任务导入

2022年3月由国家发展改革委员会、国家能源局发布《氢能产业发展中长期规划（2021—2035年）》中强调：到2025年，燃料电池车辆保有量约为5万辆，部署建设一批加氢站，可再生能源制氢量达到10万~20万t/年；到2030年，形成较为完备的氢能产业技术创新体系、清洁能源制氢及供应体系，产业布局合理有序，可再生能源制氢广泛应用，有力支撑碳达峰目标的实现。那么，对于燃料电池汽车及其他类型新能源汽车，你又了解多少呢？本任务我们将学习其他类型新能源汽车的相关知识。

项目一　新能源汽车基本构造

任务分组

学生任务分配表见表 1-3-1。

表 1-3-1　学生任务分配表

班　级		组　号		指导老师	
组　长		学　号			
组　员	姓名：_____	学号：_____	姓名：_____	学号：_____	
	姓名：_____	学号：_____	姓名：_____	学号：_____	
	姓名：_____	学号：_____	姓名：_____	学号：_____	
	姓名：_____	学号：_____	姓名：_____	学号：_____	
任　务　分　工					
（就组织讨论、工具准备、数据采集、数据记录、安全监督、成果展示等工作内容进行任务分工）					

获取信息

❓ 引导问题 1：请查阅相关资料，简述燃料电池汽车的定义。

_____

_____

其他类型新能源汽车构造认知

知识点提示

燃料电池汽车的基本认知

燃料电池汽车（Fuel Cell Vehicle，FCV）是一种用车载燃料电池装置产生的电力作为动力的汽车。车载燃料电池装置所使用的燃料为高纯度氢气或含氢燃料经重整所得到的高含氢重整气。因此，燃料电池汽车的关键是燃料电池。图 1-3-1 所示为长安 CS75 燃料电池汽车。

图 1-3-1　长安 CS75 燃料电池汽车

燃料电池汽车实质上是新能源汽车的一种，在车身、动力传动系统和控制系统等方面，燃料电池汽车与普通新能源汽车基本相同，主要区别在于动力蓄电池的工作原理不同。

一般来说，燃料电池是通过电化学反应将化学能转化为电能，电化学反应所需的还原剂一般采用氢气，氧化剂则采用氧气，因此最早开发的燃料电池汽车多是直接采用氢燃料，氢气的存储可采用液化氢、压缩氢气或金属氢化物储氢等形式。

雪佛兰 Equinox 燃料电池汽车如图 1-3-2 所示，东风氢舟 e·H2 实图如图 1-3-3 所示。

图 1-3-2　雪佛兰 Equinox 燃料电池汽车　　　　图 1-3-3　东风氢舟 e·H2 实图

引导问题 2： 请查阅相关资料，简述燃料电池汽车的结构。

知识点提示

燃料电池汽车的结构

典型燃料电池汽车主要由燃料电池、高压储氢罐、辅助动力源、DC/DC 变换器、驱动电机和整车控制器等组成，如图 1-3-4 所示。

一、燃料电池

燃料电池是燃料电池汽车的主要动力源，它是一种不燃烧燃料而直接以电化学反应方式将燃料的化学能转变为电能的高效发电装置。燃料电池系统主要

图 1-3-4　燃料电池汽车的结构图

由燃料电池组、氢气供给系统、氧气供给系统、气体加湿系统、反应生成物的处理系统、冷却系统和电能转换系统等组成，只有这些辅助系统匹配恰当和运转正常，才能保证燃料电池系统正常运转，保证电能的输出。

二、高压储氢罐

高压储氢罐是气态氢的存储装置，用于给燃料电池供应氢气。为保证燃料电池汽车一次充气有足够的续驶里程，则需要多个高压储气罐来存储气态氢气，如图 1-3-5 所示。

三、辅助动力源

在燃料电池汽车上燃料电池发动机是主要电源，另外，还配备有辅助动力源。根据燃料电池汽车的设计方案不同，其所采用的辅助动力源也有所不同，可以用蓄电池组、飞轮储能器或超大容量电容器等共同组成双电源系统。

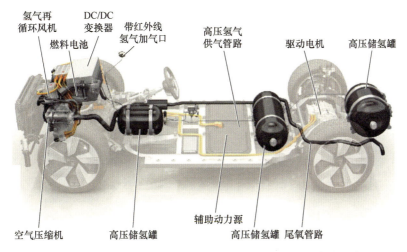

图 1-3-5　奥迪 h-tron quattro concept 车型的氢燃料电池系统

在具有双电源系统的燃料电池汽车上，驱动电机的电源可以出现以下几种驱动模式：

1）车辆起动时，驱动电机的电源由辅助动力源提供。

2）车辆行驶时，由燃料电池系统提供驱动所需全部电能，多余的电能存储到辅助动力源中。

3）在车辆加速和爬坡时，若燃料电池系统提供的电能还不足以满足燃料电池汽车驱动功率的要求，则由辅助动力源提供额外的电能，增大驱动电机的功率或转速，满足车辆的动力要求。此时，形成燃料电池系统与辅助动力源同时供电的双电源的供电模式。

4）存储制动时反馈的电能，可以向车辆的各种电子和电气设备提供所需要的电能。

四、DC/DC变换器

燃料电池汽车采用的电源有各自的特性，燃料电池仅提供直流电，电压和电流随输出电流的变化而变化。燃料电池没有接受外电源的充电，电流的方向只是单向流动。

燃料电池汽车中 DC/DC 变换器的主要功能如下：

1）调节燃料电池的输出电压。

2）调节整车能量分配。

3）稳定整车直流母线电压。

五、驱动电机

燃料电池汽车用驱动电机主要有直流电机、交流电机、水磁电机和开关磁阻电机等。电机的选型必须结合整车开发目标，综合考虑电机的特性。

六、整车控制器

整车控制器是燃料电池汽车的"大脑"，一方面接收来自驾驶人的需求信息（如起动开关、加速踏板、制动踏板、档位信息等）实现整车工况控制；另一方面基于反馈的实际工况（如车速、制动、电机转速等）以及动力系统的状况（燃料电池及动力蓄电池的电压、电流等），根据预先匹配好的多能源控制策略进行能量分配调节控制。

进行决策

1）各组派代表阐述资料查询结果。

2）各组就各自的查询结果进行交流，并分享技巧。

3）教师结合各组完成的情况进行点评，并选出最佳方案。

任务实施

认真学习以上知识点，完成以下填空。

1）燃料电池汽车是一种用_____作为动力的汽车。

2）燃料电池汽车实质上是_____汽车的一种，在车身、动力传动系统和控制系统等方面，燃料电池汽车与普通新能源汽车基本相同，主要区别在于动力蓄电池的_____原理不同。

3）燃料电池汽车用驱动电机主要有_____电机、_____电机、_____电机和开关磁阻电机等。

4）燃料电池汽车采用的电源有各自的特性，燃料电池仅提供_____，电压和电流随输出电流的变化而变化。

5）典型燃料电池汽车主要由_____电池、高压储氢罐、_____动力源、_____变换器、_____和整车控制器等组成。

评价反馈

1）各组代表展示汇报 PPT，介绍任务的完成过程。

2）以小组为单位，请对各组的操作过程与操作结果进行自评和互评，并将结果填入表 1-3-2。

表 1-3-2　学生评价表

姓名		学号				班级				组别			
实训任务													
评价项目	分值	等级				评价对象（组别）							
		A	B	C	D	1	2	3	4	5	6	7	8
方案合理	20	20	15	10	5								
团队合作	20	20	15	10	5								
工作质量	20	20	15	10	5								
工作规范	20	20	15	10	5								
汇报展示	20	20	15	10	5								
合计	100	各组得分											
总结与反思													

（如：学习过程中遇到什么问题→如何解决的/解决不了的原因→心得体会）

3）教师对学生工作过程与工作结果进行评价，并将评价结果填入表 1-3-3。

表 1-3-3　教师对学生评价表

姓名			学号		班级		组别	
实训任务								
评价项目			评价标准				分值	得分
考勤（10%）			无故意迟到、早退和旷课的现象				10	
工作过程（60%）	知识目标	获取信息	掌握工作相关知识				10	
		进行决策	制订工作方案，方案合理可行				10	
	技能目标	任务实施	对其他类型新能源汽车的构造有基本认知				10	
			能完成任务实施的题目				10	
	素养目标	工作态度	认真严谨、积极主动、安全生产、文明施工				5	
		团队合作	与小组成员、同学之间合作交流，协调工作				5	
项目成果（30%）		工作质量	能按照工作方案操作，按计划完成工作任务				10	
		工作完整	能按时完成工作任务的所有环节				10	
		工作规范	能在整个操作过程中规范操作，避免意外事故的发生				10	
		汇报展示	能准确表达、汇报工作成果				10	
合计							100	
综合评价			学生评价（50%）		教师评价（50%）		综合得分	
综合评语			（作业过程中存在的问题及改进建议）					

情智课堂

制造强国 步履铿锵

新能源汽车：
  以新技术开辟新战场

习近平总书记指出：“制造业是国家经济命脉所系”"要坚定不移把制造业和实体经济做强做优做大”"加快建设制造强国"。自党的十八大以来，习近平总书记多次强调要大力发展制造业和实体经济，深刻阐明制造业是实体经济的基础，实体经济是我国发展的本钱，是构筑未来发展战略优势的重要支撑，为我国从制造大国向制造强国迈进指明了方向、明确了路径。

汽车产业是典型的技术密集型产业，结构复杂、产量大、更新快，若想造出一辆普普通通的家用汽车，必须要配备庞大的上下游供应链，涉及产品研发、机械制造、材料技术、电气技术、软件控制等诸多领域。

发展新能源汽车是我国从汽车大国迈向汽车强国的必由之路，也是整个汽车产业实现跨越式发展的支点。

新能源汽车开辟了"三电"零部件、充换电基础设施等全新赛道。"三电"，即新能源汽车的电池、电机、电控。

我国新能源汽车发展迅速，截至 2022 年 6 月底，全国机动车保有量达 4.06 亿辆，其中新能源汽车 1001 万辆，突破千万辆大关。工业和信息化部相关负责人透露，2021 年，新能源汽车的消费者满意度已经追平了传统燃油汽车。在全球十大畅销新能源汽车车型中，有 6 款是我国自主品牌车型。2022 年前 5 个月，自主品牌新能源乘用车消费占比超过了 80%。

我国新能源汽车产业快速成长为全球汽车产业转型升级的重要力量，这是 10 年来中国制造向中国创造大步迈进的一个缩影。目前，我国从电机电控、动力蓄电池、整车控制器等关键零部件生产到整车设计制造已具备一定的产业基础和优势，可以预见，在不远的将来，新能源汽车产业的发展会越来越好。

项目二
动力蓄电池及管理系统构造与拆装

任务一　蓄电池模块的构造与拆装

🎯 任务目标

知识目标
1. 了解蓄电池模块的结构。
2. 了解单体蓄电池串联和并联的蓄电池模块结构。

技能目标
1. 能准确说出单体蓄电池并联的蓄电池模块结构。
2. 能准确说出两种蓄电池模块成组方案的优缺点。

素养目标
1. 获得分析问题和解决问题的基本方法。
2. 尝试多元化思考解决问题的方法，形成创新意识。
3. 养成定期反思与总结的习惯，改进不足，精益求精。
4. 与小组成员交流、讨论学习成果，取长补短，完成自我提升。

✈ 任务框图

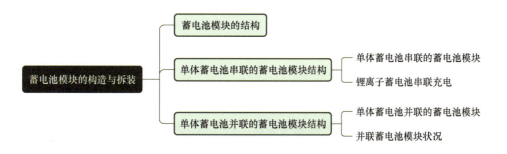

任务导入

某纯电动汽车的动力蓄电池出现电压故障导致车辆无法行驶,维修工程师检测后判断需要更换蓄电池模块,你作为一名助理工程师,如何协助更换蓄电池模块呢?

任务分组

学生任务分配表见表 2-1-1。

表 2-1-1 学生任务分配表

班级		组号		指导老师	
组长		学号			
组员	姓名:_____ 姓名:_____ 姓名:_____ 姓名:_____		学号:_____ 学号:_____ 学号:_____ 学号:_____	姓名:_____ 姓名:_____ 姓名:_____ 姓名:_____	学号:_____ 学号:_____ 学号:_____ 学号:_____
任务分工					

(就组织讨论、工具准备、数据采集、数据记录、安全监督、成果展示等工作内容进行任务分工)

获取信息

引导问题 1:由于新能源汽车对动力蓄电池电压和容量的需求,动力蓄电池是由多个单体蓄电池组成的,存在相应的简称标明其组成方式,例如 165S2P 或者 3P5S,这两种简称的含义是什么?

_____
_____

竞赛指南 在 2022 年全国职业院校技能大赛里的动力蓄电池总成装调与检修模块中,就要求参赛队以小组作业的方式,按照国家标准、生产制造厂家技术规范,在动力蓄电池总成装调工作平台上完成动力蓄电池及管理系统的性能检测、拆装、排故及调试等任务。

知识点提示

蓄电池模块的结构

单体锂离子蓄电池的电压并不足以支持整车的高压组件工作，因此有必要将多个单体蓄电池串联，组成一个高电压的电池PACK。而车辆有一定的续航要求，因此蓄电池包也要达到一定的容量才能满足需求，因此需要对单体蓄电池进行并联扩容。一般有串联、先串联后并联、先并联后串联三种方式连接各单体蓄电池。如2020款比亚迪秦EV就是通过112cell 130A·h的三元锂离子蓄电池串联而成蓄电池包，此蓄电池包是由12个蓄电池模块串联组成的，此类成组方式是1P112S，即"1并112串"。

1）单体蓄电池：将化学能与电能进行相互转换的基本单元装置，通常包括电极、隔膜、电解质、外壳和端子，并被设计成可充电的形式，也称作电芯。

2）蓄电池模块：将一个以上单体蓄电池按照串联、并联或串并联方式组合，并作为电源使用的组合体，也称作蓄电池组。

3）动力蓄电池箱：用于盛装蓄电池模块、BMS以及相应的辅助元器件，并包含机械连接、电气连接和防护等功能的总成，简称为蓄电池箱。

4）蓄电池包：通常包括蓄电池模块、BMS、蓄电池箱及相应附件（冷却组件、连接线缆等），具有从外部获得电能并可对外输出电能的单元。

5）BMS：监视蓄电池的状态（温度、电压、荷电状态等），可以为蓄电池提供通信、安全、电芯均衡及管理控制，并提供与应用设备通信接口的系统。

6）蓄电池系统：一个或一个以上动力蓄电池及相应附件（管理系统、高压电路、低压电路、热管理设备及机械总成等）构成的能量存储装置。

引导问题2：请查阅相关资料，简述锂离子蓄电池串联成蓄电池模块之后，哪些参数会出现变化。

_____
_____

引导问题3：请查阅相关资料，简述不同电压平台，不同内阻的单体蓄电池串联使用会出现什么问题。

_____
_____

引导问题4：请查阅相关资料，简述串联充电时，如果有一只单体锂离子蓄电池的电压达到过充电保护电压时，BMS会如何处理。

_____
_____

知识点提示

单体蓄电池串联的蓄电池模块结构

一、单体蓄电池串联的蓄电池模块

新能源汽车的驱动电机、压缩机、PTC 加热器、DC/DC 变换器等高压组件的工作电压高达 DC 340V 以上，而单体蓄电池的电压只有 3.2V（如锂离子蓄电池材料：磷酸铁锂离子蓄电池 3.2V、三元锂离子蓄电池 3.65V 或 3.7V、钛酸锂离子蓄电池 2.6V，氢燃料电堆 0.5~1V）。因此，在实际使用过程中需要将单体蓄电池串联，以提高蓄电池模块的工作电压。

锂离子蓄电池串联，蓄电池模块的电压升高、蓄电池的容量不变，但同时蓄电池模块的内阻会增加。蓄电池模块的电流就是流过每个单体蓄电池的电流，当蓄电池模块中的某一个单体蓄电池出现故障时，蓄电池模块也不会输出电压，如图 2-1-1 所示。

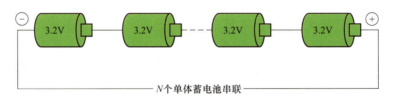

图 2-1-1　N 个单体蓄电池串联

由于锂离子蓄电池存在一致性的问题，同一体系（如三元或磷酸铁）的单体蓄电池若要串联成组，必须先筛选电压、内阻、容量一致的单体蓄电池进行配组。

二、锂离子蓄电池串联充电

目前，锂离子蓄电池模块一般都采用串联充电，这主要是因为串联充电的方法简单、成本低、较容易实现。但由于单体锂离子蓄电池之间存在容量、内阻、衰减特性、自放电等性能方面的差异，在对锂离子蓄电池模块串联充电时，蓄电池模块中容量最小的那只单体锂离子蓄电池将最先充满电，而此时，其他电池还没有充满电，如果继续串联充电，则已充满电的单体锂离子蓄电池就可能会被过充电。锂离子蓄电池过充电会严重损害电池的性能，甚至可能会导致爆炸，造成人员伤害，因此，为了防止出现单体锂离子蓄电池过充电，锂离子蓄电池模块在使用时必须搭配 BMS，通过 BMS 对每一只单体锂离子蓄电池进行过充电等保护。

串联充电时，如果有一只单体锂离子蓄电池的电压达到过充保护电压，BMS 会控制电池采集器做被动均衡，将电压高的单体通过串联电阻进行放电均衡，防止性能稍差的单体过充电。当蓄电池模块将所有的单体电压达到充电截止时，切断充电电路，停止充电。

> 引导问题 5：请查阅相关资料，简述锂离子蓄电池并联成蓄电池模块后，哪些参数会出现变化。

知识点提示

单体蓄电池并联的蓄电池模块结构

一、单体蓄电池并联的蓄电池模块

新能源汽车要满足一定的续驶里程要求时，主机厂会关注价格、安全性、车身自重和风阻系数等因素，还会考虑到上游的电池供应商可以提供的稳定、安全的单体电芯的容量有可能并不满足当前车型的续驶要求的问题。

出于对这些因素的考量，主机厂将单体蓄电池先并联增加蓄电池的容量（图 2-1-2），并联后的"电池砖"的电压不变，但蓄电池的容量增加，然后再串联提高蓄电池工作电压，来满足车辆的续驶要求，如图 2-1-3 所示。因此，先并联后串联的动力蓄电池会获得更大的蓄电池容量以及更高的放电倍率。

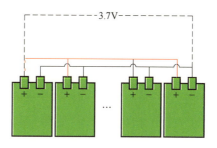

图 2-1-2　N 个单体蓄电池的并联

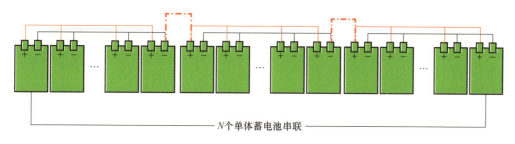

图 2-1-3　N 个单体蓄电池先并联再串联

二、并联蓄电池模块状况

锂离子蓄电池并联后出现以下状况：

1）内阻小的单体蓄电池会向内阻大的蓄电池放电，通常，新单体蓄电池或容量高的单体蓄电池的内阻相对小一些。

2）放电时，内阻小的单体蓄电池会先放电，待单体电压比较一致时才一起放电。

3）不要将不同品牌锂离子蓄电池、不同容量或新旧锂离子蓄电池混在一起使用，选择性能一致的蓄电池。锂离子蓄电池串并联使用需要进行锂离子蓄电池芯配对，配对的标准：锂离子蓄电池芯电压差 ≤ 30mV，锂离子蓄电池芯内阻差 ≤ 5mΩ，锂离子蓄电池芯容量差 ≤ 20mA。

锂离子蓄电池并联和串联的区别主要就是在电压和容量上有差别，无论是串联还是并联，锂离子蓄电池模块的输出功率都增加。串联时电压会增加而容量不变，并联时增加的是容量而电压不变。

进行决策

1）各组派代表阐述资料查询结果。

2）各组就各自的查询结果进行交流，并分享技巧。

3）教师结合各组完成的情况进行点评，并选出最佳方案。

任务实施

一、准备工作

1) 工具：比亚迪秦 EV 整车 1 辆、工位防护套装 1 套、人员防护套装 1 套、数字式交直流万用表 1 个、道通 908E 汽车专用诊断仪 1 个、万用接线盒 1 个、电池升降平台 1 台、铆钉枪 1 个、密封胶。

2) 场地：任务实施前需要做好场地防护准备以及检查实训场地和设备设施是否存在安全隐患，如不正常请向老师汇报并进行处理。

3) 安全防护：注意车辆或台架电压保护。

二、实训记录

1. 认识蓄电池模块组件

认识蓄电池模块组件完成情况见表 2-1-2。

表 2-1-2　认识蓄电池模块组件完成情况

组件	完成情况		组件	完成情况	
绝缘板	□完成	□未完成	电芯支架	□完成	□未完成
汇流片	□完成	□未完成	圆柱电芯	□完成	□未完成
电芯支架	□完成	□未完成	采样 PCBA	□完成	□未完成

2. 蓄电池模块的拆卸与安装

蓄电池模块的拆卸与安装步骤及完成情况见表 2-1-3。

表 2-1-3　蓄电池模块的拆卸与安装步骤及完成情况

序号	步　骤	完成情况	备注记录
	故障现象		
1	仪表显示"EV 功能受限"，无法行驶	□完成 □未完成	
2	连接道通 908E 汽车专用诊断仪，选择比亚迪秦车型，全车模块扫描，进入蓄电池管理器模块读取故障码，显示"单体蓄电池电压过低"，查看数据流发现有一节单体蓄电池电压趋近于 0V	□完成 □未完成	

项目二　动力蓄电池及管理系统构造与拆装

(续)

序号	步骤	完成情况	备注记录
	断电与验电		
3	断开蓄电池负极,用绝缘胶布包好负极	□完成 □未完成	
4	放置车辆5~10min,对新能源汽车的高压电容器进行放电,断开前舱总成的动力蓄电池母线后,需要对动力蓄电池的母线进行验电。验电为0V后,将动力蓄电池包母线接插件用盖子盖好或用绝缘胶布包好	□完成 □未完成	
	举升车辆与检查外观		
5	举升车辆,检查车辆高度,拉下锁定装置	□完成 □未完成	
6	检查动力蓄电池外观	□完成 □未完成	
	拆卸蓄电池包附件		
7	拆下蓄电池包托盘底部四周安装的护板 拆下蓄电池包低压接插件及高压接插件(高压需佩戴绝缘手套) 用万用表检测蓄电池包是否漏电。检测方法(需佩戴绝缘手套):将万用表正极分别搭在动力蓄电池正负极引出,负极搭在车身地。正常值为10V以下,若过大,请不要拆卸,检测漏电部位,分析发生漏电的原因,排除问题后再进行以下操作: 1)排空动力蓄电池总成冷却液 2)拆卸动力蓄电池总成搭铁线或等电位线 3)在蓄电池包正下方准备蓄电池包升降平台,升降平台需要升至蓄电池包的高度托举蓄电池包	□完成 □未完成	
8	拆卸动力蓄电池包至升降平台后,放置蓄电池包到专用工位	□完成 □未完成	
	拆卸蓄电池包上盖		
9	使用手持式电动手枪钻,选用合适大小的钻头,沿蓄电池包一周取下蓄电池包上盖固定铆钉 使用一体化工量具里的平面铲刀,沿动力蓄电池一周把密封胶铲出,使蓄电池包上盖与电池底板分离 选用一体化工量具里面的合适棘轮、接杆、套筒,打松蓄电池高低压插接器处压板固定螺栓,取下固定压板。将蓄电池包上盖取下	□完成 □未完成	
	拆卸蓄电池模块		
10	根据数据流提供的过低单体蓄电池的信息,由于单体蓄电池的电压已经趋近于0V,同时比亚迪秦EV单体蓄电池之间的连接方式采用铜排点焊连接,无法单独取下单体蓄电池,由于单体蓄电池电压过低也无法进行均衡 选用一体化工量具里面合适的棘轮、接杆和套筒等工具,拆下故障蓄电池模块。注意:这里一定要做好个人安全防护,拆装工具尽量使用绝缘工具 安装无故障蓄电池模块,按照拆卸相反的顺序进行安装	□完成 □未完成	

(续)

序号	步骤	完成情况	备注记录
安装蓄电池包			
11	按照拆卸相反的顺序进行安装。注意：在安装蓄电池包上盖的时候，蓄电池包密封胶要均匀填充，铆钉按照标准孔位进行安装	□完成 □未完成	
上电			
12	安装好蓄电池包后，车辆上电，查看仪表"OK"指示灯是否正常点亮，并使用道通908E 汽车专用诊断仪读取故障码，无故障码且无异常数据流，则为正常	□完成 □未完成	

注意：在实际生产中，模块更换与蓄电池包更换均可以，比亚迪车型为蓄电池包更换。

评价反馈

1) 各组代表展示汇报 PPT，介绍任务的完成过程。
2) 以小组为单位，请对各组的操作过程与操作结果进行自评和互评，并将结果填入表 2-1-4。

表 2-1-4　学生评价表

姓名		学号			班级				组别				
实训任务													
评价项目	分值	等级				评价对象（组别）							
		A	B	C	D	1	2	3	4	5	6	7	8
方案合理	20	20	15	10	5								
团队合作	20	20	15	10	5								
工作质量	20	20	15	10	5								
工作规范	20	20	15	10	5								
汇报展示	20	20	15	10	5								
合计	100	各组得分											
总结与反思													

（如：学习过程中遇到什么问题→如何解决的／解决不了的原因→心得体会）

3）教师对学生工作过程与工作结果进行评价，并将评价结果填入表 2-1-5。

表 2-1-5　教师对学生评价表

姓名			学号		班级		组别	
实训任务								
评价项目			评价标准				分值	得分
考勤（10%）			无故意迟到、早退和旷课的现象				10	
工作过程（60%）	知识目标	获取信息	掌握工作相关知识				10	
		进行决策	制订工作方案，方案合理可行				10	
	技能目标	任务实施	能够识别并选择合适的人员防护用品及操作工具				5	
			能够正确完成蓄电池模块的拆卸与安装				5	
			能够正确遵守蓄电池模块拆卸过程中的注意事项				10	
	素养目标	工作态度	认真严谨、积极主动、安全生产、文明施工				5	
		团队合作	与小组成员、同学之间合作交流，协调工作				5	
		工作质量	能按照工作方案操作，按计划完成工作任务				10	
项目成果（30%）		工作完整	能按时完成工作任务的所有环节				10	
		工作规范	能在整个操作过程中规范操作，避免意外事故的发生				10	
		汇报展示	能准确表达、汇报工作成果				10	
合计							100	
综合评价			学生评价（50%）		教师评价（50%）		综合得分	
综合评语			（作业过程中存在的问题及改进建议）					

任务二 蓄电池管理系统的构造与拆装

任务目标

知识目标
1. 了解蓄电池管理的原因。
2. 了解 BMS 的分类。

技能目标
1. 能准确说出 BMS 的结构及主要组件。
2. 能准确分析 BMS 的工作原理。

素养目标
1. 获得分析问题和解决问题的基本方法。
2. 尝试多元化思考解决问题的方法,形成创新意识。
3. 养成定期反思与总结的习惯,改进不足,精益求精。
4. 与小组成员交流、讨论学习成果,取长补短,完成自我提升。

任务框图

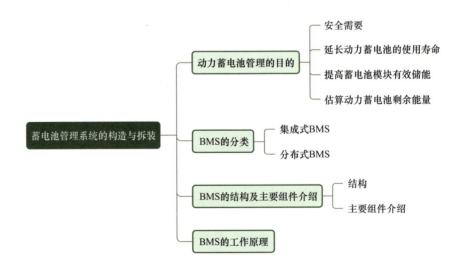

任务导入

在某主机厂的面试中,面试官询问你是否了解 BMS 的结构与作用,你应该如何回答他呢?

任务分组

学生任务分配表见表 2-2-1。

表 2-2-1　学生任务分配表

班　级		组　号		指导老师	
组　长		学　号			
组　员	姓名：_____ 姓名：_____ 姓名：_____ 姓名：_____	学号：_____ 学号：_____ 学号：_____ 学号：_____	姓名：_____ 姓名：_____ 姓名：_____ 姓名：_____		学号：_____ 学号：_____ 学号：_____ 学号：_____
任　务　分　工					

（就组织讨论、工具准备、数据采集、数据记录、安全监督、成果展示等工作内容进行任务分工）

获取信息

引导问题 1： 请查阅相关资料，思考在没有 BMS 的情况下动力蓄电池会存在什么样的安全隐患，简述进行动力蓄电池管理的原因。

_____

_____

BMS 模块认知

知识点提示

动力蓄电池管理的目的

一、安全需要

安全需要是进行动力蓄电池管理最主要的目的。若动力蓄电池中未装有 BMS，将会埋下诸如冒烟、燃烧和爆炸等安全隐患，如图 2-2-1 所示。

图 2-2-1　动力蓄电池燃烧爆炸

动力蓄电池工作是有一定工作条件要求的，对充电电流、放电电流、工作温度和单体电压等都有所限制。如图 2-2-2 所示，以磷酸铁锂离子蓄电池为例，动力蓄电池工作条件分为"合理区域"和"临界区域"，当动力蓄电池工作条件越过"临界区域"时，事故概率就会大增。此时，BMS 就必须果断采取措施，以避免事故的发生。

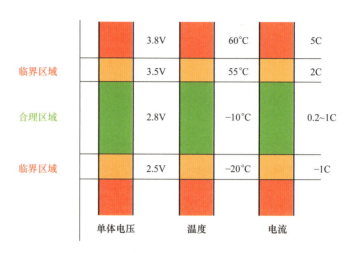

图 2-2-2　磷酸铁锂离子蓄电池工作条件

二、延长动力蓄电池的使用寿命

上文提到，动力蓄电池工作都是有一定工作条件要求的。

此处仍以磷酸铁锂离子蓄电池为例，如图 2-2-2 所示，当动力蓄电池工作状态位于"合理区域"时，动力蓄电池寿命最长；当动力蓄电池工作状态进入"临界区域"后寿命会显著降低，越过了"临界区域"会有安全隐患。因此，为了延长动力蓄电池的使用寿命，需尽量让动力蓄电池工作在"合理区域"，当动力蓄电池越过"合理区域"后，要给驾驶人报警提示，让动力蓄电池回归"合理区域"。

需要注意的是，每个动力蓄电池厂商的电池参数会有所差异。

三、提高蓄电池模块有效储能

"蓄电池模块"不等于"单体蓄电池"，单体蓄电池能量有限，所以多数情况下是要将多个单体蓄电池串联成蓄电池串使用。在实际使用中，单体蓄电池一定是会存在差异的，因此不同动力蓄电池存储的能量也是存在差异的。而动力蓄电池的过放电和过充电是蓄电池的两种极度危险的状态。

放电时，当某个单体蓄电池达到放电下限时，即使其他单体蓄电池仍有能量，BMS 也会控制接触器断开，动力蓄电池终止输出电压。反之，在充电时，当某个单体蓄电池电压已经达到上限，即使其他单体蓄电池尚未充足，BMS 也会控制接触器断开，充电终止。因此，动力蓄电池放电受限于电压最低的单体蓄电池，充电受限于电压最高的单体蓄电池。由此可见，动力蓄电池"有效储能"小于"理论储能"。

在没有 BMS 的情况下，单体蓄电池间储能差异化会越来越大，因而"有效储能"会越来越少。动力蓄电池的价值就在于其"有效储能"。如果 BMS 能抑制单体蓄电池"一致性"变差的趋势，就意味着"有效储能"更加接近"理论储能"，可以延长动力蓄电池放电时间。

四、估算动力蓄电池剩余能量

若动力蓄电池没有匹配 BMS，那么驾驶人无法知道动力蓄电池还有多少剩余能量。剩余能量未知，就无法预测车辆还能行驶多少里程，那么驾驶车辆就会有抛锚的风险。

> **引导问题 2：** 请查阅相关资料，简述 BMS 的类型及其优缺点。
> _____
> _____

知识点提示

BMS的分类

根据其结构的不同，BMS 又分为集成式和分布式两种。就应用市场结构来看，目前集成式 BMS 占比更高，达到 55% 以上。而分布式 BMS 可复制性较高，能够满足不同领域应用需求，将成为行业主要发展方向。

下面分别介绍集成式 BMS 与分布式 BMS 的结构差异及优缺点。

一、集成式BMS

集成式 BMS 在电芯成组过程中将主控板与动力蓄电池的检测板，甚至是绝缘检测模块都安装在一处，内部以电线连接成为一个整体，其结构如图 2-2-3 所示。

集成式 BMS 可最大限度减少硬件的数量，具有结构简单、开发成本低、算法应用相对简单的优点。

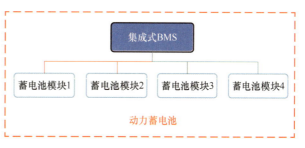

图 2-2-3　集成式 BMS 结构框图

其缺点是由于集成式 BMS 增加了动力蓄电池中电线的数量，同时，仅使用一块主控板管理整车的动力蓄电池，将会导致接线比较复杂，且只能对动力蓄电池的信息进行采集，不能对每块单体蓄电池都进行管理，安全性相对较弱。

二、分布式BMS

分布式 BMS 有一个主控制器位于中央位置，还有多路分开的电路板监控检测电芯的情况，其结构如图 2-2-4 所示。

分布式 BMS 的优点是各信息采集器之间通过 CAN 网络进行通信，可以减少电线的使用，每个模块上的柔性 PCB 对动力蓄电池的电压和温度进行采集，同时也可进行被动均衡。每个柔性 PCB 最大可采集 12~16cell 电芯，分布式 BMS 对动力蓄电池系统有更好的管控，因此被广泛运用。缺点是分布式 BMS 较集成式 BMS 增加了较多的硬件，成本相对较高。

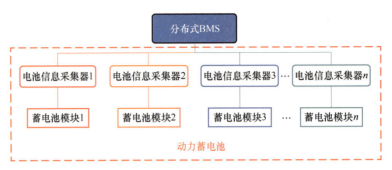

图 2-2-4　分布式 BMS 结构框图

 引导问题 3：请查阅资料，简述 BMS 的硬件结构。

_____

_____

知识点提示

BMS的结构及主要组件介绍

一、结构

BMS 包含硬件和软件两部分，该系统的硬件由一个或多个电子控制器组成，包含电池管理器、充配电总成、电池信息采集器、接触器、霍尔传感器 / 分流器、熔断器、手动维修开关（MSD）、预充电阻等电子元件。

BMS 的软件分别对主控模块和测量模块的各功能单元编写软件程序，而后连接起来构成整个系统程序，如图 2-2-5 所示。

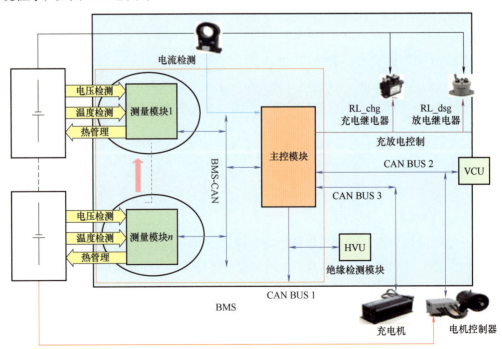

图 2-2-5　BMS 软件系统

二、主要组件介绍

1. 电池管理器（BMC）

电池管理器是一个连接外部通信和内部通信的平台，如图 2-2-6 所示。

电池管理器的主要功能如下：

1）实时接收电池信息采集器采集的单体电压、温度和均衡等信息。

2）接收绝缘模块反馈高压系统绝缘状态和电流情况。

3）BMS 通过网关控制器与整车进行通信。

4）BMS 与直流充电桩进行通信。

图 2-2-6　电池管理器

5）电池管理器控制接触器吸合或断开，控制充/放电电流和电池热管理控制情况。

6）唤醒 BMS 的应答。

7）对动力蓄电池进行 SOC 和 SOH 的估算。

2. 充配电总成

充配电总成由车载充电机、DC/DC 变换器以及高压配电箱组成。其中，高压配电箱主要为 DC/DC 变换器、电动压缩机以及 PTC 分配高压电源。配电箱内安装有直流充电正极、负极接触器、接触器烧结检测模块及漏电检测模块，如图 2-2-7 所示。

漏电检测模块主要监控动力蓄电池高压母线正极端或负极端与车身地之间的绝缘电阻值。若漏电检测模块检测到高压组件的绝缘电阻值低于

图 2-2-7　充配电总成

500Ω/V 时，绝缘检测模块通过动力 CAN 向电池管理器发送一个绝缘故障，电池管理器做出限功率或断开接触器的控制策略，保障车辆安全、平稳运行。

3. 电池信息采集器

电池信息采集器如图 2-2-8 所示。

电池信息采集器的主要作用是蓄电池电压采样、温度采样、蓄电池均衡、采样线异常检测等，然后将采集到的数据通过蓄电池子网反馈给电池管理器。

蓄电池电压采样：单体蓄电池通过串联的方式依次叠加，采样芯片的采样通道也按照次第的顺序往上叠加，对于单体蓄电池采样通道上的滤波电路，基本上目前所有的采样芯片都是 100Ω 的串阻，然后加上一个滤波电容，通过经典的 RC 滤波电路来实现，如图 2-2-9 和图 2-2-10 所示。

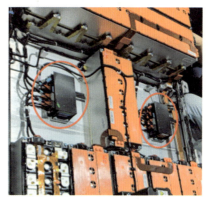

图 2-2-8　电池信息采集器

目前，市面上绝大多数是方形电池，蓄电池的采样线先是从芯片的极柱通过如柔性电路板（软排铜线）连接到蓄电池模块的接插件，然后线束再通过这个接插件连接到电池管理器上，如图 2-2-11 所示。

实际上，从蓄电池连接到模拟前端 AFE（Analog Front End）采样芯片经过了两段线束，一段就是柔性电路板上的走线，另外一段就是电池信息采集器连接到电池管理器上的通信线束。

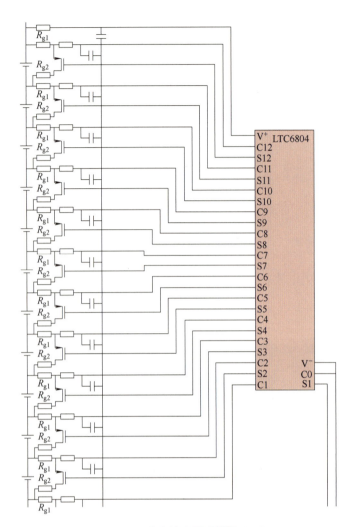

图 2-2-9　蓄电池电压采样图（一）

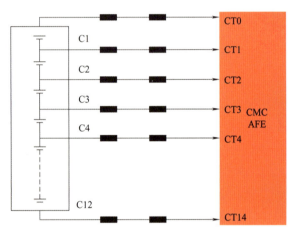

图 2-2-10　蓄电池电压采样图（二）

图 2-2-11　蓄电池柔性电路板采样电压、温度

4. 霍尔传感器

霍尔传感器最初在日系混合动力汽车上使用较多，现在慢慢有智能的分流器完成电压和电流的采样，通过串行总线传输，甚至可以在里面实现蓄电池荷电状态（SOC）的估算。霍尔电流传感器套在高压母线上，如图 2-2-12 所示。同时，霍尔传感器在参数测量过程中能实现主电路回路和单片机系统的隔离，安全性更高。

图 2-2-12　霍尔电流传感器

> **引导问题4**：请查阅资料，简述 BMS 会采集哪些数据。
>
> _____
>
> _____

知识点提示

BMS的工作原理

蓄电池模块位于密封、屏蔽的动力蓄电池箱内部，通过可靠的高低压插接件与整车的用电设备和控制系统进行连接。蓄电池系统内的电池信息采集器可实时采集各单体的电压值、各温度传感器的温度值、蓄电池系统的总电压值和总电流值、蓄电池系统的绝缘电阻值等数据，并根据电池管理器中设定的阈值来判定动力蓄电池工作是否正常，并对故障实时监控。此外，BMS 还通过电池管理器使用 CAN 总线在网关控制器与整车进行通信，进行充放电等综合管理。BMS 的工作原理图如图 2-2-13 所示。

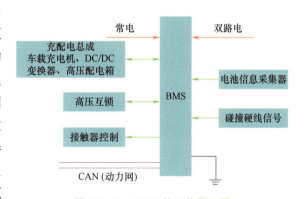

图 2-2-13　BMS 的工作原理图

动力蓄电池的电池管理器具有实现充/放电管理、蓄电池热管理、接触器控制、功率控制、蓄电池异常状态报警和保护、SOC/SOH 计算、自检以及通信等功能。电池信息采集器主要的作用是蓄电池电压采样、温度采样、蓄电池均衡、采样线异常检测等。

BMS 主要是通过电池信息采集器采集蓄电池的温度、电压等信息传输给电池管理器进行管理和控制，电池管理器通过网关控制器与各模块进行通信。电机控制器根据动力蓄电池的输出功率进行转矩控制。

进行决策

1）各组派代表阐述资料查询结果。

2）各组就各自的查询结果进行交流，并分享技巧。

3）教师结合各组完成的情况进行点评，并选出最佳方案。

任务实施

一、准备工作

1）工具：比亚迪秦 EV 整车 1 辆、安全帽 1 个、耐磨手套 1 双、绝缘手套 1 双、一体化工具 1 套、电池升降平台 1 台。

2）场地：任务实施前需要做好场地防护准备以及检查实训场地和设备设施是否存在安全隐患，如不正常请向老师汇报并进行处理。

3）安全防护：注意车辆或台架电压保护。

二、实训记录

1. 认识 BMS 组件

认识 BMS 组件的完成情况见表 2-2-2。

表 2-2-2　认识 BMS 组件的完成情况

组　件	完成情况		组　件	完成情况	
电池管理器	□完成	□未完成	电池信息采集器	□完成	□未完成
电池堆管理器（BSU）	□完成	□未完成	霍尔传感器	□完成	□未完成
高压控制盒	□完成	□未完成	预充电阻	□完成	□未完成
熔断器	□完成	□未完成	手动维修开关（MSD）	□完成	□未完成
绝缘模块	□完成	□未完成	采集线束	□完成	□未完成

2. 秦 EV BMS 的拆装

秦 EV BMS 的拆装步骤及完成情况见表 2-2-3。

表 2-2-3　秦 EV BMS 的拆装步骤及完成情况

序号	步　骤	完成情况		备注记录
1	检查前机舱盖支撑装置是否松动或老化	□完成	□未完成	
2	拆卸辅助蓄电池负极	□完成	□未完成	
3	解锁充配电总成端高压母线锁止，佩戴绝缘手套拔下高压母线，并进行绝缘、防水防护	□完成	□未完成	
4	电池管理器上面有 A、B 两个低压插接件，断开 A、B 两个低压接插件，取下电池管理器	□完成	□未完成	
5	旋开电池冷却液膨胀水壶盖，举升车辆，找到蓄电池包进水管，拆下水管卡箍，拆下水管使用专用量桶，取出动力蓄电池冷却液。使用专用水管堵头，防止冷却液泄漏。用类似方法，取下动力蓄电池出水管	□完成	□未完成	
6	佩戴防护手套，取下低压插接件，佩戴绝缘手套先断开动力蓄电池端母线锁止，断开高压接插件并做好绝缘、防水防护措施	□完成	□未完成	
7	用万用表检测动力蓄电池是否漏电。检测方法为：将万用表正极分别搭在动力蓄电池正负极引出，负极搭车身地。正常值为 10V 以下，若过大，请不要拆卸，检测漏电部位，分析发生漏电的原因，排除问题后再进行操作	□完成	□未完成	
8	拆下蓄电池包托盘底部四周安装的护板和空调管路护板，在蓄电池包底部准备升降平台，升降机需要升至蓄电池包高度，托举蓄电池包	□完成	□未完成	
9	佩戴防护手套，选择合适的棘轮和套筒，进行对角线预松蓄电池包紧固螺栓，将蓄电池包放置在升降平台	□完成	□未完成	
10	选用合适的工具，取下蓄电池包前部接插件固定板	□完成	□未完成	
11	蓄电池包上盖板与壳体是通过铆钉加密封胶进行固定的，选择合适钻头取下固定铆钉，注意：一定要选择与铆钉大小一致的钻头。取下固定铆钉后，使用平面铲刀、一字螺钉旋具配合橡胶锤，取下蓄电池包上盖，注意：在进行清除密封胶时，一定要注意避免铲刀、一字螺钉旋具进入蓄电池包内部的深度	□完成	□未完成	

(续)

序号	步骤	完成情况	备注记录
12	取下蓄电池包上盖,在蓄电池包左右两侧各有一个电池信息采集器,断开电池信息采集器上面的低压插接器并做好标识,选择合适的工具取下电池信息采集器固定螺栓,取下电池信息采集器	□完成 □未完成	
13	作业结束后,安装电池信息采集器,注意:区分好两个电池信息采集器的位置,按照之前做好的插头标识,连接电池信息采集器低压插接件。选择合适的工具安装电池信息采集器紧固螺栓	□完成 □未完成	
14	在盖蓄电池包上盖板时,注意:检查蓄电池包内部是否遗落工具,是否有杂物等	□完成 □未完成	
15	在涂抹密封胶时,先把蓄电池包下壳体和蓄电池包上盖的灰尘和铁屑清理干净。均匀地将密封胶沿蓄电池四周涂抹,直到表面结合处没有间隙	□完成 □未完成	
16	选择合适的铆钉,使用铆钉枪沿蓄电池下壳体四周的孔位,将蓄电池包上盖与蓄电池包下壳体进行固定。等待蓄电池包上盖与蓄电池包下壳体完全密封	□完成 □未完成	
17	将蓄电池包升降平台推到车辆蓄电池包正下方,并升降到合适位置,选择合适的棘轮与套筒,沿对角线预紧蓄电池包紧固螺栓。使用扭力扳手调整到合适的力矩,沿对角线拧紧蓄电池包紧固螺栓	□完成 □未完成	
18	选择合适的棘轮和套筒,将蓄电池包搭铁线固定到蓄电池包外壳体,使用扭力扳手按照标准转矩进行固定	□完成 □未完成	
19	将蓄电池包进出水管先固定在蓄电池包上,使用专用工具将水管卡箍进行固定。注意:在进行固定水管卡箍时,注意规范操作,避免发生危险事故	□完成 □未完成	
20	佩戴绝缘手套安装动力蓄电池端高压母线,注意:高压插接器锁止 佩戴防护手套安装低压插接器	□完成 □未完成	
21	将车辆下降到合适位置,注意:在进行降车作业时,车辆四周禁止出现作业人员	□完成 □未完成	
22	佩戴绝缘手套,安装充配电总成端高压母线,注意进行锁止	□完成 □未完成	
23	查看原厂维修手册,确定冷却液的标准量。沿空调、电池膨胀水箱倒入动力蓄电池冷却液。连接辅助蓄电池负极连接件,并紧固	□完成 □未完成	
24	连接道通诊断仪,起动车辆,进行蓝牙连接,选择比亚迪秦EV,进入热管理系统,单击特殊功能,进行动力蓄电池水泵驱动,完成排气。读取全车故障码,无故障码	□完成 □未完成	

评价反馈

1)各组代表展示汇报 PPT,介绍任务的完成过程。

2)以小组为单位,请对各组的操作过程与操作结果进行自评和互评,并将结果填入表 2-2-4。

表 2-2-4 学生评价表

姓名		学号				班级				组别			
实训任务													
评价项目	分值	等级				评价对象（组别）							
		A	B	C	D	1	2	3	4	5	6	7	8
方案合理	20	20	15	10	5								
团队合作	20	20	15	10	5								
工作质量	20	20	15	10	5								
工作规范	20	20	15	10	5								
汇报展示	20	20	15	10	5								
合计	100	各组得分											
总结与反思													

（如：学习过程中遇到什么问题→如何解决的/解决不了的原因→心得体会）

项目二　动力蓄电池及管理系统构造与拆装

姓名　　　　班级　　　　日期

3）教师对学生工作过程与工作结果进行评价，并将评价结果填入表 2-2-5。

表 2-2-5　教师对学生评价表

姓名			学号		班级		组别	
实训任务								
评价项目			评价标准				分值	得分
考勤（10%）			无故意迟到、早退和旷课的现象				10	
工作过程 （60%）	知识目标	获取信息	掌握工作相关知识				10	
		进行决策	制订工作方案，方案合理可行				10	
	技能目标	任务实施	能够识别秦 EV BMS 的类型				5	
			能够制订工作计划，并规范使用设备和工具				5	
			能够安全完成秦 EV BMS 的结构认知				10	
	素养目标	工作态度	认真严谨、积极主动、安全生产、文明施工				5	
		团队合作	与小组成员、同学之间合作交流，协调工作				5	
		工作质量	能按照工作方案操作，按计划完成工作任务				10	
项目成果 （30%）		工作完整	能按时完成工作任务的所有环节				10	
		工作规范	能在整个操作过程中规范操作，避免意外事故的发生				10	
		汇报展示	能准确表达、汇报工作成果				10	
合计							100	
综合评价			学生评价（50%）		教师评价（50%）		综合得分	
综合评语			（作业过程中存在的问题及改进建议）					

笔记栏

任务三　动力蓄电池总成的拆装

任务目标

知识目标
1. 了解动力蓄电池总成。
2. 了解秦 EV 蓄电池包的组成和结构。

技能目标
1. 能准确说出动力蓄电池箱的作用。
2. 能准确说出动力蓄电池箱的结构。
3. 能准确说出秦 EV 蓄电池系统的组成。

素养目标
1. 获得分析问题和解决问题的基本方法。
2. 尝试多元化思考解决问题的方法，形成创新意识。
3. 养成定期反思与总结的习惯，改进不足，精益求精。
4. 与小组成员交流、讨论学习成果，取长补短，完成自我提升。

任务框图

任务导入

4S 店技术主管在经过各项检测之后，判断当前检修的比亚迪秦 EV 汽车出现了动力蓄电池故障，需要对动力蓄电池总成进行拆卸检查，此时需要你作为维修人员协助技术主管按照规范程序，从车上拆卸动力蓄电池总成并在技术主管完成维修后进行安装，你能做到吗？

任务分组

学生任务分配表见表 2-3-1。

项目二　动力蓄电池及管理系统构造与拆装

表 2-3-1　学生任务分配表

班　级		组　号		指导老师	
组　长		学　号			
组　员	姓名：＿＿＿＿　学号：＿＿＿＿ 姓名：＿＿＿＿　学号：＿＿＿＿ 姓名：＿＿＿＿　学号：＿＿＿＿ 姓名：＿＿＿＿　学号：＿＿＿＿			姓名：＿＿＿＿　学号：＿＿＿＿ 姓名：＿＿＿＿　学号：＿＿＿＿ 姓名：＿＿＿＿　学号：＿＿＿＿ 姓名：＿＿＿＿　学号：＿＿＿＿	
任务分工					

（就组织讨论、工具准备、数据采集、数据记录、安全监督、成果展示等工作内容进行任务分工）

获取信息

引导问题 1：请查阅相关资料，简述动力蓄电池箱的作用。

_____
_____

知识点提示

动力蓄电池箱的结构

一、动力蓄电池箱的认识

动力蓄电池箱是指用于盛装蓄电池模块、BMS 以及相应的辅助元器件，并包含机械连接、电气连接、防护等功能的总成，简称为蓄电池箱。动力蓄电池箱作为蓄电池模块的主要载体，对于保护蓄电池模块的安全起到了至关重要的作用。

动力蓄电池箱既要满足蓄电池模块容量的体积要求，又要满足底盘空间的允许要求，纵向应避免与前防倾杆及后扭转梁悬架纵臂的干涉，宽度方向最好不要超过车架纵梁的宽度，以提高碰撞时动力蓄电池的安全性，高度方向要保证动力蓄电池箱的离地间隙，动力蓄电池箱厚度不能太大；最基本的动力蓄电池箱必须保证强度、刚度要求；除此之外，动力蓄电池箱内部要设有蓄电池模块散热的结构，且整体能够保证锂离子蓄电池模块防水性、防尘性及拆装方便性。

动力蓄电池箱的结构如图 2-3-1 所示，由上盖、框架、下箱体和吊耳组成，其中，上盖通过螺栓与下箱体连接，框架结构和吊耳通过焊接的方式固定在下箱体的内外两侧。

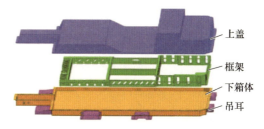

图 2-3-1　动力蓄电池箱的结构

二、动力蓄电池箱体结构设计要求

1. 车辆碰撞要求

新能源汽车在进行碰撞相关试验时,动力蓄电池箱体在碰撞试验过程中不仅需要满足保护蓄电池模块以及重要供电系统在试验过程中安全性,并且需要保护动力蓄电池箱体中电子组件在试验中不出现损伤影响功能正常运行,因此碰撞工况下动力蓄电池箱体具体要求如下:

1)在碰撞工况下,动力蓄电池箱体基本尺寸和安装接口等在试验中仍然能够满足整车安装条件;并且安装接口没有出现明显缺失和损伤,动力蓄电池箱体内继电器和维护开关等工作组件仍然能够保持正常运行工作,安装支架可以满足整车使用要求。

2)在碰撞工况下,箱体在试验中密封性能及防水防尘性能需要满足 IP67 要求,并且电子器件在正常运行情况下,能够确保高低压和信号线束安装可靠、拆装方便、节约材料和空间、布局美观。

3)在碰撞工况下,蓄电池模块、动力蓄电池箱体、整车之间能够确保有效绝缘,防止出现漏电等能够对人体产生伤害的事故,并且电阻不小于 $20M\Omega$,此外,动力蓄电池箱体内部温度同样需要保持在正常运行温度要求范围内波动,满足运行要求,内外温差不超过 5℃。

4)在碰撞工况下,动力蓄电池箱体刚度要确保蓄电池模块或单体蓄电池产生的挤压变形量在一定安全范围内,防止蓄电池模块由于过大变形导致动力蓄电池出现破裂失效等事故。

2. 防水及绝缘性能要求

新能源汽车动力系统正常运行工作过程中输出的电压通常在 200V 以上,如果人体直接接触,有较大危险,因此,动力蓄电池箱体不仅需要具有保护蓄电池模块的能力,而且还要能够起到保护车内人员不会与动力系统直接接触,防止触电等潜在危险对人体造成的伤害;除此之外,动力蓄电池箱体应该具备防水能力,防止箱体内部进水导致供电系统短路,影响汽车正常行驶,甚至由于短路造成车辆起火以及出现车内人员受到漏电等事故对车内人员造成伤害,为此,动力蓄电池箱体需要满足 IP67 防护要求。具体防护要求设计如下:

1)蓄电池模块正负两极连接板与动力蓄电池箱体之间需要预留适当的安全距离,该距离最小值不应该小于 10mm,用以有效保护正负极之间不会发生击穿的现象。

2)动力蓄电池箱体需要整体进行电泳处理,箱体内部同样需要通过喷涂绝缘漆或内置绝缘模块。

3)动力蓄电池箱体需要在焊缝连接位置处铺设密封胶,用以保证焊缝处密封性,另外,上下箱体螺栓连接处需要添加密封圈,接插件固定处也要增加密封措施。

4)动力蓄电池箱体布置需要尽可能不影响底盘组件正常工作,并尽可能选择布置靠近上面,箱体布置最低点应该满足所有路况下,整车行驶过程中不会对箱体产生损伤。

5)动力蓄电池箱体上面接插件安装孔和出风孔位置尽可能安装在距离动力蓄电池箱体底部一半高度以上。

3. 通风与散热性能要求

纯电动汽车在正常运行过程中,尤其以在高速公路中蓄电池模块长时间工作为代表性大负载驾驶情况下,蓄电池模块会释放出大量热量,另外,在新能源汽车快速充电状态下,蓄电池模块同样由于高速运行不可避免会释放出大量热量,为确保蓄电池模块在各种大电流工作情况下安全性和工作寿命,箱体需要拥有较好的散热能力。

箱体内尽可能预留一定空间,用以确保蓄电池模块相互之间可以保留合适间隙,确保动力蓄电池可以快速有效释放热量。

动力蓄电池箱体内部可以通过设置一些挡板，用以正确引导箱体内部气流导向，从而有效快速控制箱体内部散热，保证动力系统具有较高的安全性。

在应对突发情况时，需要明确蓄电池模块与散热系统之间停止工作顺序，必须满足散热系统要在蓄电池模块停止工作一段时间后，方可切断散热系统运行，保证散热系统具有一定延后时间。

 引导问题2：请查阅相关资料，简述秦EV车型的300km续航版本蓄电池系统的信息。
_____
_____

考证指南

新能源汽车装调与测试职业技能等级要求（初级）中的动力蓄电池系统装配与调试任务就要求考生能识别动力蓄电池系统零部件型号及接口，按照工艺文件完成动力蓄电池系统整车装配调试，确认装配和连接正常，系统无故障。通过新能源汽车装配与测试职业技能等级（初级）考核可获得教育部职业技能等级证书中的《新能源汽车装调与测试职业技能等级证书（初级）》。

 知识点提示

秦EV蓄电池包的组成

蓄电池包为整车行驶时提供电能，在车辆减速或滑行时驱动电机的馈能为动力蓄电池充电。秦EV的动力蓄电池有300km和400km续航两种版本，动力蓄电池系统由蓄电池模块、电池信息采集器、电池串联铜排、电池托盘、电池密封盖以及电池采样线束等组成。安装位置如图2-3-2所示。

300km版本的动力蓄电池由106个单体蓄电池串联而成，蓄电池的标称电压为386.9V。单体蓄电池的标称电压为3.6V，容量为105A·h，分成10个蓄

图2-3-2　蓄电池包安装位置

电池模块，每个蓄电池模块上有1个电池信息采集器。整块动力蓄电池的载电量为40.62kW·h。

400km续航版本类目细分下的405km版本中，其动力蓄电池由112个单体蓄电池串联而成，动力蓄电池的标称电压为408.8V。单体蓄电池的标称电压为3.6V，容量为130A·h，分成12个蓄电池模块，每个蓄电池模块上有1个电池信息采集器，图2-3-3所示为蓄电池模块的连接方式。整块蓄电池的载电量为53.14kW·h。动力蓄电池内有1个高压配电箱，零组件分别为3个接触器（正极接触器、负极接触器、预充接触器）、1个200Ω预充电阻、1个霍尔电流传感器、1个熔断器。

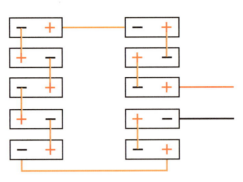

图 2-3-3　蓄电池模块的连接方式

❓ **引导问题 3**：请查阅相关资料，简述电池信息采集器（BIC/BICC）的作用。

_____
_____

知识点提示

电池信息采集器的作用

　　秦 EV 蓄电池包内部有接触器和电池信息采集器（BIC/BICC），电池管理器通过电平信号控制接触器通断，通过 CAN 与电池信息采集器进行通信，接收蓄电池模块信息。蓄电池系统框图如图 2-3-4 所示。

图 2-3-4　蓄电池系统框图

　　单体蓄电池电压、温度通过安装在蓄电池模块上的柔性 PCB 板进行采集，然后传输至 BICC 进行解析，电压、温度信号通过安装在动力蓄电池高压配电箱内的电池通信转换器与电池管理器进行信息交互。采集器插件上的红色采集的是单体蓄电池的电压，黑色采集的是电池的温度，每个模组有三个温度传感器，传感器的电阻值为 9.2kΩ 左右，如图 2-3-5 所示。

图 2-3-5　电池信息采集器和通信转换器

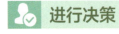 进行决策

1）各组派代表阐述资料查询结果。

2）各组就各自的查询结果进行交流，并分享技巧。

3）教师结合各组完成的情况进行点评，并选出最佳方案。

任务实施

一、准备工作

1）工具：比亚迪秦EV整车1辆、安全帽1个、耐磨手套2双、绝缘手套2双、工位安全套装1套、一体化工具1套、电池升降平台1台、龙门举升机1台、万用表1个。

2）场地：检查实训场地和设备设施是否清洁及存在安全隐患，配电箱、排插是否符合用电需求，如不正常请向老师汇报并进行处理。

3）安全防护：禁止在车辆上电高压情况下检查与更换蓄电池模块，禁止在带电状态下触碰任何带安全警示标志的组件，禁止徒手触摸所有橙色的线束。

二、实训记录

1. 认识动力蓄电池总成组件

动力蓄电池总成组件完成情况见表 2-3-2，2019 款秦 EV 动力蓄电池总成如图 2-3-6 所示。

表 2-3-2　动力蓄电池总成组件完成情况

组　件	完成情况	组　件	完成情况
电池信息采集器	□完成　□未完成	通信转换模块线束	□完成　□未完成
高压配电箱	□完成　□未完成	接触器	□完成　□未完成
采集线束	□完成　□未完成	预充电阻	□完成　□未完成
动力蓄电池模块	□完成　□未完成	汇流铜排	□完成　□未完成
霍尔电流传感器	□完成　□未完成	通信转换模块	□完成　□未完成
电池管理器	□完成　□未完成	采集线束	□完成　□未完成

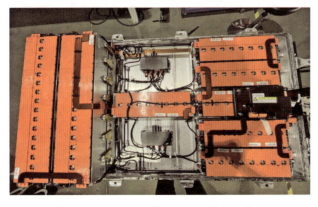

图 2-3-6　2019 款秦 EV 动力蓄电池总成

2. 动力蓄电池总成的更换

动力蓄电池总成更换步骤及完成情况见表 2-3-3。

动力蓄电池拆装 1

动力蓄电池拆装 2

表 2-3-3　动力蓄电池总成更换步骤及完成情况

序号	更换步骤	完成情况	备注记录
		高压安全作业准备	
1	检查人员资质要求：对电动汽车高压系统维修操作，操作人员需满足国家法规要求的机电维修工岗位要求或持有本人的电工操作证	□完成　□未完成	
2	确认工作场地干燥无水渍	□完成　□未完成	
3	在工作场地铺设橡胶绝缘垫	□完成　□未完成	
4	工作场地设置警示牌和高压作业区域隔离	□完成　□未完成	
5	配备紧急救援和灾害处理的相关设施，例如干粉灭火器和急救箱等	□完成　□未完成	
6	实现监护制度：一人监护，另一人操作	□完成　□未完成	
7	操作人员必须穿绝缘鞋，戴绝缘手套，其电压等级必须大于操作对象的最高电压，必要时戴防护眼镜或防护面罩。所有用具使用前必须检查是否完好、干燥无异味，确保安全。操作人员不允许佩戴金属饰品	□完成　□未完成	
		高压安全下电	
8	将车辆停入作业工位	□完成　□未完成	
9	车辆下电，将车辆钥匙存放在安全处	□完成　□未完成	
10	打开前机舱，铺设前机舱翼子板垫	□完成　□未完成	
11	断开辅助蓄电池负极，负极电缆插头用绝缘胶布包好。辅助蓄电池负极桩头用盖子盖好或用绝缘胶布包好	□完成　□未完成	
12	放置车辆 5~10min，对新能源汽车的高压电容器进行放电	□完成　□未完成	
13	断开前机舱蓄电池包母线进行验电：断开母线后，需要对蓄电池包的母线进行验电，如果母线有残余电荷，需用放电设备进行放电，确保母线无电	□完成　□未完成	
14	验电完毕，将蓄电池包母线接插件用盖子盖好或用绝缘胶布包好	□完成　□未完成	
		举升车辆	
15	调节举升臂位置和臂上的垫块，对准车辆的举升点	□完成　□未完成	
16	按下举升：当汽车被举起时，观察车辆是否水平托举	□完成　□未完成	

| 姓名 | 班级 | 日期 |

(续)

序号	更换步骤	完成情况	备注记录
	举升车辆		
17	当车辆离地面5~10cm时停下，检查车辆是否被平稳托举，晃动车辆是否牢固无偏差	□完成 □未完成	
18	确认无问题后，将车辆举升到合适高度	□完成 □未完成	
19	拉下锁定装置	□完成 □未完成	
	检查蓄电池包外观		
20	围绕动力蓄电池总成四周检查外观	□完成 □未完成	
	拆卸蓄电池包附件并检测		
21	拆下蓄电池包托盘底部四周安装的护板	□完成 □未完成	
22	拆下蓄电池包低压接插件及高压接插件（高压需佩戴绝缘手套）	□完成 □未完成	
23	用万用表检测蓄电池包是否漏电 检测方法（需佩戴绝缘手套）：将万用表正负极分别接蓄电池包正负极引出进行测量；将万用表搭在蓄电池包正极引出，负极搭车身地进行测量；将万用表正极搭在蓄电池包负极引出，负极搭车身地进行测量。下电后以上三个测量的正常值均应接近0V才能进行蓄电池包的拆卸	□完成 □未完成	
24	将蓄电池包高压接口及电压接口处做好防护	□完成 □未完成	
25	排空动力蓄电池总成冷却液（可将动力蓄电池冷却液壶盖提前打开）	□完成 □未完成	
26	拆卸动力蓄电池总成搭铁线或等电位线	□完成 □未完成	
	拆卸动力蓄电池包		
27	在蓄电池包正下方准备蓄电池包升降平台，升降平台需要升至蓄电池包的高度，托举蓄电池包	□完成 □未完成	
28	佩戴绝缘手套，使用套筒卸掉动力蓄电池与车身紧固螺栓，将蓄电池包拆放至升降平台	□完成 □未完成	
29	缓慢将蓄电池包升降平台降至合适高度后，拉出车辆举升工位并将蓄电池包放置专用工位，设置安全警示牌及隔离栏	□完成 □未完成	
	安装动力蓄电池总成		
30	将新的动力蓄电池总成或维修完毕的动力蓄电池总成放置在蓄电池包举升平台上	□完成 □未完成	

（续）

序号	更换步骤	完成情况	备注记录
安装动力蓄电池总成			
31	缓慢举升蓄电池包，调整举升平台的位置，使动力蓄电池总成上的安装孔与车身对齐	□完成 □未完成	
32	安装并紧固动力蓄电池总成后部的紧固螺栓	□完成 □未完成	
33	安装并紧固动力蓄电池总成前部的紧固螺栓	□完成 □未完成	
34	安装并紧固动力蓄电池总成左右的紧固螺栓	□完成 □未完成	
35	安装并紧固动力蓄电池总成搭铁线或等电位线	□完成 □未完成	
36	安装蓄电池包低压接插件及高压接插件（高压需佩戴绝缘手套），插接时注意"一插、二响、三确认"	□完成 □未完成	
37	连接动力蓄电池总成的出水管及进水管	□完成 □未完成	
连接前机舱蓄电池包母线			
38	安装充配电总成上的蓄电池包母线高压接插件，插接时注意"一插、二响、三确认"	□完成 □未完成	
补充蓄电池包冷却液			
39	在前机舱电池冷却液壶中加入专用冷却液，加至最大液位线	□完成 □未完成	
40	连接辅助蓄电池负极	□完成 □未完成	
41	车辆上电	□完成 □未完成	
42	连接诊断仪，进入电池管理器模块。进行动作测试，电池水泵循环	□完成 □未完成	
43	观察冷却液水壶液位情况，及时补充冷却液	□完成 □未完成	
44	电池水泵循环完毕，冷却液液位处于MAX 以下 MIN 以上即可	□完成 □未完成	
45	动力蓄电池冷却液加注完毕	□完成 □未完成	
检查车辆蓄电池包数据			
46	连接诊断仪，读取车辆故障码	□完成 □未完成	
47	清除历史故障码	□完成 □未完成	
48	检查 BMS 数据流是否异常	□完成 □未完成	
49	无问题后，动力蓄电池总成更换完毕	□完成 □未完成	

| 姓名 | | 班级 | | 日期 | |

项目二　动力蓄电池及管理系统构造与拆装

评价反馈

1）各组代表展示汇报 PPT，介绍任务的完成过程。
2）以小组为单位，请对各组的操作过程与操作结果进行自评和互评，并将结果填入表 2-3-4。

表 2-3-4　学生评价表

姓名		学号				班级			组别			
实训任务												
评价项目	分值	等级				评价对象（组别）						
		A	B	C	D	1	2	3	4	5	6	7	8
方案合理	20	20	15	10	5								
团队合作	20	20	15	10	5								
工作质量	20	20	15	10	5								
工作规范	20	20	15	10	5								
汇报展示	20	20	15	10	5								
合计	100	各组得分											
总结与反思													

（如：学习过程中遇到什么问题→如何解决的 / 解决不了的原因→心得体会）

3）教师对学生工作过程与工作结果进行评价，并将评价结果填入表 2-3-5。

表 2-3-5　教师对学生评价表

姓名				学号		班级		组别	
实训任务									
评价项目				评价标准				分值	得分
考勤（10%）				无故意迟到、早退和旷课的现象				10	
工作过程（60%）	知识目标		获取信息	掌握工作相关知识				10	
			进行决策	制订工作方案，方案合理可行				10	
	技能目标		任务实施	了解动力蓄电池箱体结构的设计要求				5	
				能阐述常见动力蓄电池的特点				5	
				能够安全有序地完成动力蓄电池总成的拆卸与安装操作				10	
	素养目标		工作态度	认真严谨、积极主动、安全生产、文明施工				5	
			团队合作	与小组成员、同学之间合作交流，协调工作				5	
项目成果（30%）			工作质量	能按照工作方案操作，按计划完成工作任务				10	
			工作完整	能按时完成工作任务的所有环节				10	
			工作规范	能在整个操作过程中规范操作，避免意外事故的发生				10	
			汇报展示	能准确表达、汇报工作成果				10	
合计								100	
综合评价		学生评价（50%）			教师评价（50%）			综合得分	
综合评语		（作业过程中存在的问题及改进建议）							

情智课堂

中国汽车动力蓄电池产业创新联盟发布的 2022 年 4 月动力蓄电池月度数据显示，国内动力蓄电池产量共计 29GW·h，同比增长 124.1%，环比下降 26.1%；在装车量方面，动力蓄电池装车量 13.3GW·h，同比增长 58.1%，环比下降 38.0%。数据显示，宁德时代新能源科技股份有限公司、比亚迪携手拿下了约七成市场份额，比亚迪动力蓄电池装机量份额大幅提升，进一步缩小了与宁德时代新能源科技股份有限公司之间的差距。

比亚迪近些年的迅速发展与其企业文化息息相关，企业文化虽然无形，却可以把员工引向共同的目标，创造出一种情感相通、关系融洽的和谐环境。下面我们结合比亚迪奉行的"平等、务实、激情、创新"的核心价值观来谈谈这样的核心价值观在企业运行中起到的作用。

比亚迪的平等精神，即保持公平、公正与公开，确立共同的准则，反对暗箱操作。就像比亚迪人事部实行的晋升考核制度，为员工们的晋升提供了一个公平的舞台，从而加强了企业的内部凝聚力。

比亚迪的务实精神，体现在其高效的执行力上，这一点应当与比亚迪对市场的敏锐洞察结合来看，2002 年的 7 月份，比亚迪全资收购了北京吉普的吉驰模具厂，开始为破冰汽车制造行业打基础。2003 年，比亚迪正式进军汽车行业，收购了秦川汽车，成为民营轿车生产企业。正是这样的快速布局和高效的执行力，帮助比亚迪一次又一次地夺取先机、飞跃发展。

比亚迪的激情是一种信念，是高度的敬业精神，不仅要求员工的敬业，企业也给员工提供了充分的物质与精神激励，例如进步奖、最佳员工奖、服务年资奖等奖金，晋升、岗位轮换等工作方面的奖励，还有宿舍、食堂、住房、亚迪学校等后勤保障。免除了员工的后顾之忧，进而更好地激发员工的工作热情。

比亚迪的创新精神，体现在其技术方面的锐意进取上，比亚迪多年来在新能源领域上的技术积累，研制了像 DM-i 超级混动、刀片电池等核心技术，在助力解决新能源汽车安全、续驶等痛点的同时，不断提升用户驾驶体验，助推新能源汽车行业加速发展。比如超级混动的首款车型比亚迪秦 PLUS，再比如新纯电平台 e 平台 3.0 的首款量产车型比亚迪海豚。正是这样的创新精神，让诸多消费者再三选择后购买了比亚迪汽车。

笔记栏

项目三
驱动系统构造与拆装

任务一 电驱动系统的构造与拆装

任务目标

知识目标
1. 了解电驱动系统的发展现状。
2. 了解电驱动系统的发展趋势。

技能目标
1. 能准确说出电驱动系统的结构。
2. 能准确说出电驱动系统的基本构成及作用。
3. 能准确说出电驱动系统的技术要求。

素养目标
1. 获得分析问题和解决问题的基本方法。
2. 尝试多元化思考解决问题的方法，形成创新意识。
3. 养成定期反思与总结的习惯，改进不足，精益求精。
4. 与小组成员交流、讨论学习成果，取长补短，完成自我提升。

任务框图

电驱动系统的构造与拆装
- 电驱动系统的基本构成
- 电驱动系统的技术要求
- 秦EV电驱动系统的结构认知

姓名	班级	项目三 驱动系统构造与拆装		
		日期		

任务导入

大学毕业后，小王进入某 4S 店担任维修工程师，他的师傅让他向新来的同事讲解新能源汽车电驱动系统的构造，他该如何讲解呢？

任务分组

学生任务分配表见表 3-1-1。

表 3-1-1　学生任务分配表

班　级		组　号		指导老师	
组　长		学　号			
组　员	姓名：_____　学号：_____		姓名：_____　学号：_____		
	姓名：_____　学号：_____		姓名：_____　学号：_____		
	姓名：_____　学号：_____		姓名：_____　学号：_____		
	姓名：_____　学号：_____		姓名：_____　学号：_____		
任　务　分　工					

（就组织讨论、工具准备、数据采集、数据记录、安全监督、成果展示等工作内容进行任务分工）

获取信息

引导问题 1：请查阅相关资料，简述电驱动系统的基本构成。

_____

_____

竞赛指南　　在 2022 年全国职业院校技能大赛里的电驱动总成装调与检修模块中，就要求参赛队以小组作业的方式，按照国家标准、生产制造厂家技术规范，在电驱动总成装调工作平台上完成电机与变速器的分离，并对变速器、差速器和驱动电机等部分进行拆装、检测、排除故障及调试等作业。

知识点提示

电驱动系统的基本构成

电驱动系统作为新能源汽车核心技术之一，在新能源汽车上起到了驱动车辆前进并且能够回收制动能量的作用。在新能源汽车和燃料电池汽车上，电驱动系统作为车辆唯一的驱动力来源，提供了车辆行驶全部的驱动力，保证了车辆的行驶动力性和平顺性等性能，其作用相当于传统汽车的发动机。但是，由于电驱动系统能够工作在回馈制动状态，所以该系统还具备了传统发动机无法实现的能量回馈功能，即电驱动系统在车辆制动时，能够将车辆的动能通过自身的发电特性转换为电能存储到车载电源系统中。

新能源汽车电驱动系统主要由动力输出的驱动电机、电能变换的功率变换器（逆变器）以及实现控制算法的控制系统构成。图 3-1-1 中间部分的实框内展示了一种常见的电驱动系统构成。其中，驱动电机接收来自功率变换器的不同电压、不同频率的电能，通过电磁场作用将电能转换为机械能输出，从而推动车辆运动或者停止；功率变换器负责将车载直流电能（电池等储能能量）转

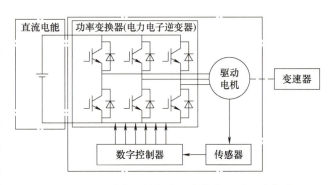

图 3-1-1　一种常见的新能源汽车电驱动系统构成

换为不同的直流电能（针对直流电机）或者不同频率的交流电能（交流电机等），为驱动电机提供适合的电能；控制系统接受整车行驶需求，进行控制算法和适合整车行驶需求的策略计算，为功率变换器提供合适的控制规则，实现恰当的逻辑和策略。

> 引导问题2：请查阅相关资料，简述电驱动系统的技术要求。
> _____
> _____

知识点提示

电驱动系统的技术要求

电机及其驱动系统是新能源汽车的关键技术，其主要的特性要求如下：

1）具有高转矩密度和高功率密度，可以减少整车的输出恒定转矩，以适应快速起动、加速和负载爬坡要求。

2）高速时能输出恒定功率，可有较高的功率输出。

3）能够在逆变器容量不变的情况下，有较强的弱磁调速能力，是基速的 3~4 倍。

4）在整个速度范围区域都有较高的效率。

5）有一定的过载能力，在短的时间内可输出 2 倍的额定转矩。

6）具有高可靠性和一定的鲁棒性，以适应车辆环境变化。

除此之外，在电机设计阶段要考虑低噪声和低转矩脉动。车辆在城市驱动中，大部分运行在大负载的基速区间，因此，一般设计最高效率点和最小噪声在基速区。

图 3-1-2 所示为典型的牵引电机驱动系统及电机输出特性，图中的电机可兼作电动机和发电机运行。在电动机模式下，电机将电能转换为机械能，逆变器从动力蓄电池获取功率供给电机，动力蓄电池放电。在发电机模式下，电机将机械能转换为电能，通过逆变器反馈给动力蓄电池，为动力蓄电池充电。从图 3-1-2 所示的输出特性曲线可以看出，在基速以下电机采用恒转矩控制，即低速大转矩运行模式，一般采用单位电流输出最大转矩控制（MTPA），但最大转矩输出受逆变器的电流能力限制；在基速以上，采用弱磁控制，高速时输出转矩受逆变器的电压限制。

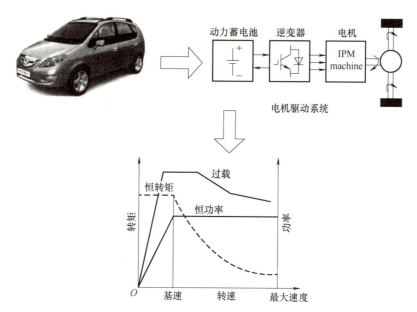

图 3-1-2 典型的牵引电机驱动系统及电机输出特性

> **引导问题 3**：请查阅相关资料，简述秦 EV 的电驱动系统结构特点。

知识点提示

秦EV电驱动系统的结构认知

前驱电动总成由驱动电机、电机控制器以及变速器三者集成，设置在整车前机舱。如图 3-1-3 所示，驱动电机主要是将电机控制器提供的电能转化为机械能输出至变速器，以及将变速器输入的机械能转换为电能输出至电机控制器。电机控制器主要是控制动力蓄电池与驱动电机之间能量传输的装置，变速器主要是实现对驱动电机的减速增矩作用。

技术参数：驱动电机最大输出转矩——180N·m/[（0~3714r/min），30s]；

驱动电机额定转矩——70N·m/[（0~4775r/min），持续]；

驱动电机最大输入功率——100kW/[（5305~6000r/min），5s]；

驱动电机额定功率——35kW/[（4775~12000r/min），持续]；

驱动电机最大输出转速——12100r/min；

电驱动总成质量——64kg；

变速器油油量——（0.65±0.05）L；

变速器油类型——壳牌 S3-ATF-MD3。

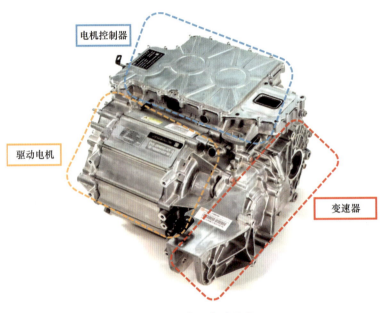

图 3-1-3　前驱电动总成

进行决策

1）各组派代表阐述资料查询结果。

2）各组就各自的查询结果进行交流，并分享技巧。

3）教师结合各组完成的情况进行点评，并选出最佳方案。

任务实施

比亚迪高压电控总成三合一拆装

一、准备工作

1）工具：比亚迪秦 EV 整车 1 辆、举升机 1 台、耐磨手套 2 双、绝缘手套 2 双、工位安全套装 1 套、一体化工具 1 套。

2）场地：任务实施前需要做好场地防护准备以及检查实训场地和设备设施是否存在安全隐患，如不正常请向老师汇报并进行处理。

3）安全防护：检测各个设备以及所需要的器材是否完好；涉及高压安全操作的，务必做好充分防护。

4）注意事项：将前驱电动总成从整车上拆解下来后，在拆分过程中，请注意保护好所有零部件，做好收纳工作，防止零部件被意外损坏。

二、实训记录

1. 认识前驱电动总成三合一

前驱电动总成三合一完成情况见表 3-1-2。

表 3-1-2 前驱电动总成三合一完成情况

组　件	完　成　情　况
电机控制器	□完成　□未完成
驱动电机	□完成　□未完成
单档变速器	□完成　□未完成

2. 前驱电动总成的拆卸

前驱电动总成的拆卸步骤及完成情况见表 3-1-3。

表 3-1-3 前驱电动总成的拆卸步骤及完成情况

序号	拆卸步骤	完成情况	备注记录
	拆卸前驱电动总成		
1	排出齿轮油：在前驱电动总成拆卸前，打开放油螺塞，将变速器体内的润滑油排放干净，再带上放油螺塞，防止在拆卸过程中，异物掉入变速器腔体内	□完成 □未完成	
2	排出冷却液：在进水口用气枪将冷却水道内的水从出水口排出	□完成 □未完成	
3	拆卸电机控制器：在进水口用气枪将冷却水道内的水从出水口排出，拆开水管卡扣和水管，交错拧开用于固定驱动电机端盖和盖板的 10 个 M5 螺栓，将盖板从总成上拆开，拆掉控制器与驱动电机相连的三相线，拆开用于固定控制器箱体与驱动电机端盖和变速器前箱体的螺栓，将控制器与驱动电机和变速器分离。拆开电机控制器与驱动电机相连的 3 个 M6 外六角三相线紧固螺栓[注：装配时力矩为 (9±0.5) N·m]，拔出旋变及温度传感器接插件。最后将电机控制器与驱动电机和变速器分离，并保护各组件的进水口和出水口不被磕碰	□完成 □未完成	
	拆卸前变速器		
4	在前变速器总成拆卸之前，先把前驱电动总成从整车上拆下，然后对变速器总成进行拆卸和维修，打开放油螺塞，将变速器总成体内的润滑油排放干净，再带上放油螺塞组件，防止在拆卸过程中，异物掉入变速器腔体内。在拆卸过程中，请注意保护好所有的零部件，做好收纳工作，防止零部件被意外损坏	□完成 □未完成	
5	前变速器总成采用浸油润滑的方式，推荐使用壳牌 S3-ATF-MD3 齿轮油 对 HDE 前驱电动总成变速器进行保养时，请按以下步骤进行： 1) 分别打开放、注油螺塞，将箱体内的润滑油排放干净，同时请检查放油螺塞和 O 形密封圈是否完好，如果已损坏，请更换完好的零部件 2) 等润滑油放完后，旋紧放油螺塞，拧紧力矩为 47~53N·m 3) 从注油孔中加注 (0.65±0.05) L 壳牌 S3-ATF-MD3 齿轮油，观察是否有渗漏现象，如果有渗漏，将相应部位拆开，重新进行密封处理；旋紧注油螺塞，拧紧力矩为 35~39N·m	□完成 □未完成	
	拆卸驱动电机		
6	前驱电动总成从整车上拆下后再合理拆下电机控制器和变速器总成，剩下的就是驱动电机	□完成 □未完成	

评价反馈

1）各组代表展示汇报 PPT，介绍任务的完成过程。

2）以小组为单位，请对各组的操作过程与操作结果进行自评和互评，并将结果填入表 3-1-4。

表 3-1-4　学生评价表

姓名		学号				班级				组别			
实训任务													
评价项目	分值	等级				评价对象（组别）							
		A	B	C	D	1	2	3	4	5	6	7	8
方案合理	20	20	15	10	5								
团队合作	20	20	15	10	5								
工作质量	20	20	15	10	5								
工作规范	20	20	15	10	5								
汇报展示	20	20	15	10	5								
合计	100	各组得分											
总结与反思													

（如：学习过程中遇到什么问题→如何解决的/解决不了的原因→心得体会）

3）教师对学生工作过程与工作结果进行评价，并将评价结果填入表 3-1-5。

表 3-1-5 教师对学生评价表

姓名				学号		班级		组别	
实训任务									
评价项目				评价标准				分值	得分
考勤（10%）				无故意迟到、早退和旷课的现象				10	
工作过程（60%）	知识目标		获取信息	掌握工作相关知识				10	
			进行决策	制订工作方案，方案合理可行				10	
	技能目标		任务实施	会拆卸前驱电动总成				5	
				会拆卸前变速器				5	
				会更换前变速器油				5	
				会拆卸驱动电机				5	
	素养目标		工作态度	认真严谨、积极主动、安全生产、文明施工				5	
			团队合作	与小组成员、同学之间合作交流，协调工作				5	
项目成果（30%）			工作质量	能按照工作方案操作，按计划完成工作任务				10	
			工作完整	能按时完成工作任务的所有环节				10	
			工作规范	能在整个操作过程中规范操作，避免意外事故的发生				10	
			汇报展示	能准确表达、汇报工作成果				10	
合计								100	
综合评价				学生评价（50%）		教师评价（50%）		综合得分	
综合评语				（作业过程中存在的问题及改进建议）					

任务二　驱动电机的分类与拆装

任务目标

知识目标
1. 了解驱动电机的概念。
2. 了解纯电动汽车驱动电机的分类。

技能目标
1. 掌握永磁同步电机的拆卸方法。
2. 掌握永磁同步电机的安装方法。

素养目标
1. 获得分析问题和解决问题的基本方法。
2. 尝试多元化思考解决问题的方法，形成创新意识。
3. 养成定期反思与总结的习惯，改进不足，精益求精。
4. 与小组成员交流、讨论学习成果，取长补短，完成自我提升。

任务框图

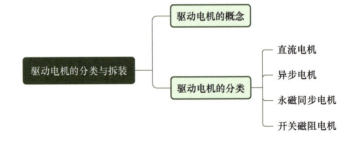

任务导入

某款搭载永磁同步电机的新能源汽车行驶约 46000km 后，车主到店反映车辆在行驶过程中，驱动电机过热故障灯突然亮起，而后车辆停止运行，仪表提示请检查动力系统。经反复试车，维修技术主管判定驱动电机内部可能损坏，告知维修技师需拆卸驱动电机进一步检查。假如你是该维修技师，你知道如何安全、规范地拆装永磁同步电机吗？

任务分组

学生任务分配表见表 3-2-1。

表 3-2-1　学生任务分配表

班　级		组　号		指导老师	
组　长		学　号			
组　员	姓名：＿＿＿＿＿＿ 姓名：＿＿＿＿＿＿ 姓名：＿＿＿＿＿＿ 姓名：＿＿＿＿＿＿	学号：＿＿＿＿＿＿ 学号：＿＿＿＿＿＿ 学号：＿＿＿＿＿＿ 学号：＿＿＿＿＿＿	姓名：＿＿＿＿＿＿ 姓名：＿＿＿＿＿＿ 姓名：＿＿＿＿＿＿ 姓名：＿＿＿＿＿＿	学号：＿＿＿＿＿＿ 学号：＿＿＿＿＿＿ 学号：＿＿＿＿＿＿ 学号：＿＿＿＿＿＿	
任　务　分　工					
（就组织讨论、工具准备、数据采集、数据记录、安全监督、成果展示等工作内容进行任务分工）					

获取信息

引导问题 1：请查阅相关资料，简述驱动电机与电驱动系统的关系。
＿＿
＿＿

知识点提示

驱动电机的概念

驱动电机及其控制系统是新能源汽车电动总成系统的核心组件，用于实现电能与机械能的相互转换，简称为驱动电机系统，它主要包括驱动电机和电机控制器。从应用角度看，驱动电机系统与变速器、减速器等耦合形成了电驱动系统，电驱动系统已成为发展的主流。

电机是将电能转换成机械能或将机械能转换成电能的装置，它具有能做相对运动的部件，是一种依靠电磁感应而运行的电气装置。将电能转换成机械能的电机称为电动机；将机械能转换成电能的电机称为发电机；为电动车辆行驶提供驱动力的电动机称为驱动电机，驱动电机既是电动机，也是发电机。

引导问题 2：请查阅相关资料，简述永磁同步电机的结构。
＿＿
＿＿

电机驱动原理

知识点提示

驱动电机的分类

新能源汽车驱动电机分为直流电机、异步电机、永磁同步电机和开关磁阻电机。

一、直流电机

直流电机就是将直流电能转换成机械能的电机。

普通电励磁直流电机主要包括机座、电枢、主磁极、换向磁极、换向器、刷架、端盖、风扇和出线盒等部件。其中，静止部分称为定子，由机座、主磁极、电刷装置、励磁绕组和端盖等组成；转动部分称为电枢或转子，主要包括铁心、绕组、换向器和电枢轴等，如图 3-2-1 所示。

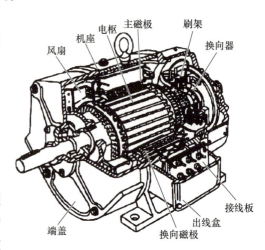

图 3-2-1 直流电机的构造

二、异步电机

异步电机又称为交流感应电机，是由气隙旋转磁场与转子绕组感应电流相互作用产生电磁转矩，从而实现将电能量转换为机械能量的一种交流电机。

以常见的三相异步电机为例，各类三相异步电机都由定子和转子这两大基本部分组成，在定子与转子之间具有一定的气隙。定子是用来产生旋转磁场的，三相交流异步电机的定子由外壳、定子铁心和定子绕组等部分组成；转子分为绕线型和笼型两种，对应的电机分别叫作绕线型异步电机与笼型异步电机。另外，还有端盖、轴承、风扇、风扇罩、接线盒和吊环等其他附件，如图 3-2-2 所示。

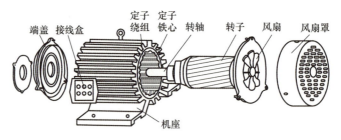

图 3-2-2 三相笼型异步电机的结构

三、永磁同步电机

永磁同步电机是指转子采用永磁材料励磁的同步电机，是国内新能源汽车应用的主流。

永磁同步电机定子绕组的主要电气参数、绕组形式和电励磁式三相同步电机的定子绕组一样，通入三相对称的交流电即产生旋转磁场，图 3-2-3 所示为永磁同步电机定子的电气结构原理图。

永磁同步电机转子使用径向永久磁铁作为磁极。在旋转磁场的作用下，转子将随着旋转磁场同步旋转，旋转磁场的速度取决于电源频率。

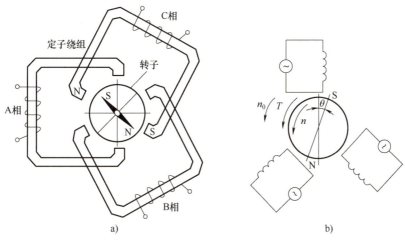

图 3-2-3　永磁同步电机定子的电气结构原理图
a）结构示意图　b）原理图

四、开关磁阻电机

开关磁阻电机（SRM）是采用定转子凸极且极数相接近的大步距磁阻式步进电机的结构，利用转子位置传感器通过电子功率开关控制各相绕组导通使之运行的电机。

开关磁阻电机是一种典型的机电一体化电动机，又称为"开关磁阻电机驱动系统（SRD）"，这种电机主要包括开关磁阻电机本体、电力电子功率变流器、转子位置传感器及控制器四部分，如图 3-2-4 所示。

开关磁阻电机本体采用定子、转子双凸极结构，单边励磁，即只有定子凸极采用集中绕组励磁，而转子凸极上既无绕组，也无永磁体；定子、转子都由硅钢片叠压而成；定子绕组径向相对的极串联，构成一相，其结构原理图如图 3-2-5 所示。

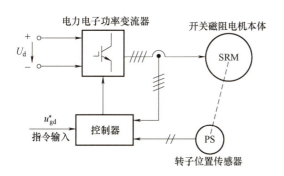

图 3-2-4　开关磁阻电机的构成

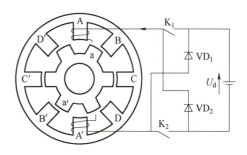

图 3-2-5　开关磁阻电机的结构原理图

如图 3-2-6 所示，开关磁阻电机的定子和转子相数不同，有多种组合方式，最常见的有三相 6/4 极结构、三相 6/8 极结构及三相 12/8 极结构。

进行决策

1）各组派代表阐述资料查询结果。
2）各组就各自的查询结果进行交流，并分享技巧。
3）教师结合各组完成的情况进行点评，并选出最佳方案。

 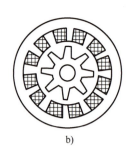 

图 3-2-6 开关磁阻电机的几种组合方式

a）三相 6/4 极结构　b）三相 6/8 极结构　c）三相 12/8 极结构

任务实施

一、准备工作

1）工具：永磁同步电机 1 台、卡簧钳 1 把、拉拔器 1 件、耐磨手套 2 双、一体化工具 1 套。

2）场地：任务实施前需要做好场地防护准备以及检查实训场地和设备设施是否存在安全隐患，如不正常请向老师汇报并进行处理。

3）安全及注意事项：请严格按照实训步骤进行拆装作业，以免造成组件损伤；拆装驱动电机固定螺钉时，请注意选用合适的工具，并控制力矩；驱动电机转子为永磁体，使用拉拔器时注意力矩不宜过大、顶出速度不宜过快，离开定子腔体后，注意远离小件金属物品；驱动电机很多附件为塑料材质，取下时注意方法和力矩。

二、实训记录

1. 认识永磁同步电机

永磁同步电机组件完成情况见表 3-2-2。

表 3-2-2　永磁同步电机组件完成情况

组　件	完成情况	组　件	完成情况
永磁体转子	□完成　□未完成	分离离合器	□完成　□未完成
定子	□完成　□未完成	定子绕组	□完成　□未完成

2. 永磁同步电机的拆卸与安装

永磁同步电机的拆卸与安装步骤及完成情况见表 3-2-3。

表 3-2-3　永磁同步电机的拆卸与安装步骤及完成情况

序号	步　骤	图　示	完成情况	备注记录
1	使用小号棘轮扳手、10 号套筒拆下四颗永磁同步电机后端盖固定螺钉	—	□完成 □未完成	
2	使用拉拔器、19 号套筒、大号棘轮扳手从前端盖推出永磁同步电机永磁体转子。注意，此时因为绕组温度传感器未与后端盖脱离连接，不可将转子推出太多，2~4cm 即可		□完成 □未完成	

(续)

序号	步骤	图示	完成情况	备注记录
3	使用小号棘轮扳手、7号套筒拆下四颗转子位置传感器固定盖板的螺钉	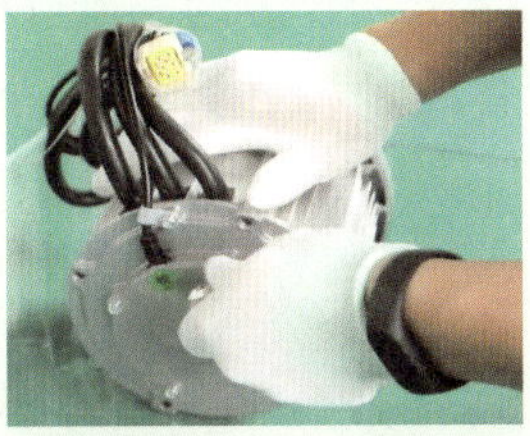	□完成 □未完成	
4	取下转子位置传感器防护盖板，注意清理盖板周围的密封胶	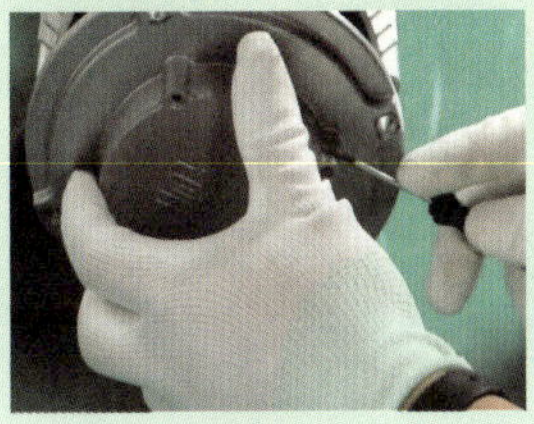	□完成 □未完成	
5	使用十字螺钉旋具拆下转子位置传感器线束固定螺钉		□完成 □未完成	
6	翻开转子位置传感器		□完成 □未完成	
7	使用电烙铁熔开绕组温度传感器连接线束，期间可使用锡线辅助加热	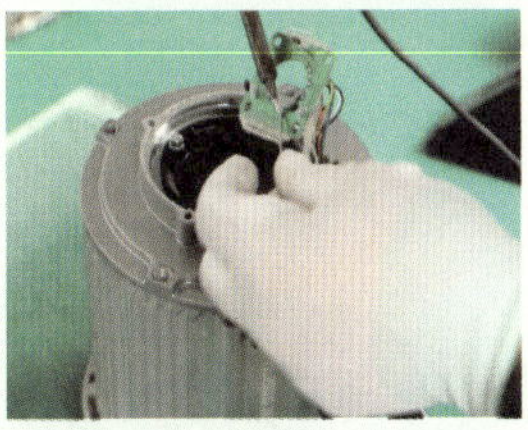	□完成 □未完成	
8	取下转子位置传感器		□完成 □未完成	
9	使用拉拔器、19号套筒、大号棘轮扳手从前端盖完全推出永磁同步电机永磁体转子	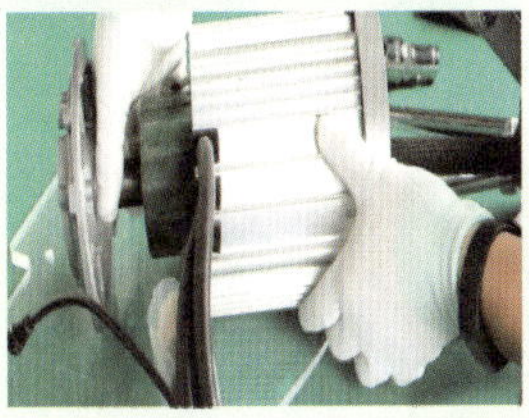	□完成 □未完成	
10	按照与拆卸相反的顺序安装永磁同步电机	—	□完成 □未完成	

评价反馈

1）各组代表展示汇报PPT，介绍任务的完成过程。

2）以小组为单位，请对各组的操作过程与操作结果进行自评和互评，并将结果填入表3-2-4。

表3-2-4 学生评价表

姓名		学号				班级				组别			
实训任务													
评价项目	分值	等级				评价对象（组别）							
		A	B	C	D	1	2	3	4	5	6	7	8
方案合理	20	20	15	10	5								
团队合作	20	20	15	10	5								
工作质量	20	20	15	10	5								
工作规范	20	20	15	10	5								
汇报展示	20	20	15	10	5								
合计	100	各组得分											
总结与反思													

（如：学习过程中遇到什么问题→如何解决的/解决不了的原因→心得体会）

3）教师对学生工作过程与工作结果进行评价，并将评价结果填入表 3-2-5。

表 3-2-5　教师对学生评价表

姓名			学号		班级		组别	
实训任务								
评价项目			评价标准				分值	得分
考勤（10%）			无故意迟到、早退和旷课的现象				10	
工作过程（60%）	知识目标	获取信息	掌握工作相关知识				10	
		进行决策	制订工作方案，方案合理可行				10	
	技能目标	任务实施	能够正确地拆卸永磁同步电机				10	
			能够正确地安装永磁同步电机				10	
	素养目标	工作态度	认真严谨、积极主动、安全生产、文明施工				5	
		团队合作	与小组成员、同学之间合作交流，协调工作				5	
项目成果（30%）		工作质量	能按照工作方案操作，按计划完成工作任务				10	
		工作完整	能按时完成工作任务的所有环节				10	
		工作规范	能在整个操作过程中规范操作，避免意外事故的发生				10	
		汇报展示	能准确表达、汇报工作成果				10	
合计							100	
综合评价			学生评价（50%）		教师评价（50%）		综合得分	
综合评语			（作业过程中存在的问题及改进建议）					

任务三 驱动三合一的拆装

任务目标

知识目标
1. 了解"三合一"动力总成系统的基本含义。
2. 了解"三合一"动力总成系统的组成和集成目的。

技能目标
1. 掌握"三合一"动力总成系统的拆卸方法并检查各部件的位置。
2. 掌握"三合一"动力总成系统的安装方法。

素养目标
1. 获得分析问题和解决问题的基本方法。
2. 尝试多元化思考解决问题的方法,形成创新意识。
3. 养成定期反思与总结的习惯,改进不足,精益求精。
4. 与小组成员交流、讨论学习成果,取长补短,完成自我提升。

任务框图

任务导入

小李到4S店面试,面试官提供了一台秦EV三合一动力总成,要求他快速且熟练地拆解内部的各个零部件,并能检测各部件的好坏。如果你是小李,你能通过面试官的测试吗?

任务分组

学生任务分配表见表3-3-1。

表 3-3-1 学生任务分配表

班　级		组　号		指导老师	
组　长		学　号			
组　员	姓名：_____ 学号：_____ 姓名：_____ 学号：_____ 姓名：_____ 学号：_____ 姓名：_____ 学号：_____			姓名：_____ 学号：_____ 姓名：_____ 学号：_____ 姓名：_____ 学号：_____ 姓名：_____ 学号：_____	
任 务 分 工					

（就组织讨论、工具准备、数据采集、数据记录、安全监督、成果展示等工作内容进行任务分工）

获取信息

引导问题 1： 请查阅相关资料，简述"三合一"动力总成系统的含义。

_____

_____

知识点提示

"三合一"动力总成系统的含义

动力总成是新能源汽车的"心脏"。随着新能源汽车市场的快速发展，为了提升整车产品竞争力，机电一体化的动力总成系统凭借其能量密度大、效率高和维护性低等特点，在新能源汽车领域得到了越来越广泛的应用。

如图 3-3-1~图 3-3-3 所示，目前，新能源汽车动力总成有多重集成方式，从最初的"二合一"（驱动电机 + 减速器）发展成目前最多的"八合一"（驱动电机 + 减速器 +MCU+ 逆变器 + 整车控制器 + 车载充电机 +DC/DC 变换器 + 高压配电箱）。

图 3-3-1 "二合一"动力总成

图 3-3-2 "三合一"动力总成

图 3-3-3 "八合一"动力总成

集成度高的动力总成系统具备的优势主要有总成体积缩小，系统总质量减小，一定程度上也降低了汽车能耗，提升了续驶里程；采用集成化动力总成系统的机舱更加简洁，汽车各系统布局更加灵活，乘坐及储物空间能够被最大化地利用；通过集成化设计，动力总成系统能够降低接口复杂度及成本。

但是，同时高集成度也带来了一些难题。其中，动力总成系统导致各部件与空气接触面积减少，为保证各部件处于正常工作温度区间，整个散热系统需要重新设计优化。同时，NVH（噪声振动）、EMC（电磁兼容测试）、安全等性能指标的控制，以及零部件开发协同都是目前整车厂和供应商需要重点攻克的难题。在后期用车方面，动力总成的集成化可能对消费者产生不良影响。在一定程度上，动力总成的集成会导致各部件的可靠性降低，各部件的质量控制尤为重要；当某个零部件出现问题时，需要维修或者更换总成，会导致维修时间和成本的增加。

引导问题2：请查阅相关资料，简述"三合一"动力总成系统的组成。

考证指南　智能新能源汽车职业技能等级（初级）要求中的电机控制器一般维修任务涉及拆装电机控制器总成。通过智能新能源汽车职业技能等级（初级）考核可获得教育部职业技能等级证书中的《智能新能源汽车职业技能等级证书（初级）》。

知识点提示

"三合一"动力总成系统的组成

"三合一"动力总成技术，将驱动电机、电机控制器（逆变器）、减速器（变速器）集成为一个紧凑型的产品单元——电桥（eAxle），其具有高集成、高效率、高转速、高性能、高安全的特点，是当前主流的电驱动总成技术方案之一。"三合一"动力总成技术使车辆各系统布局更加灵活，让消费者获得最大化的乘坐空间以及宽敞的车辆储物空间，也为汽车成为住宅、办公室以外的移动"第三空间"打下了基础。

在比亚迪的众多车型中，秦EV、唐EV、宋Pro及相关混动车型搭载的都是"三合一"动力总成。如图3-3-4所示，驱动电机与电机控制器采用直连的方式，省去了三相线束，共用冷却系统。相比分立式总成，集成后的系统成本降低了33%、体积减小30%、质量减小了25%、功率密度增加了20%、NEDC效率提升1%、转矩密度增加了17%。概括地讲，其集成方案见表3-3-2。"三合一"动力总成系统实物图如图3-3-5所示。

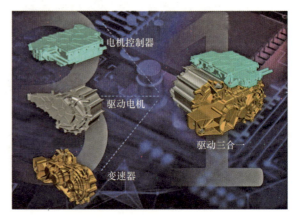

图3-3-4　比亚迪三合一驱动

表 3-3-2　比亚迪三合一驱动集成方案

集成内容	图示	集成目的
驱动电机、电机控制器端子直连，取消三相线	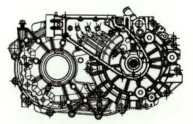	降低成本
驱动电机、电机控制器水道直连，取消水管	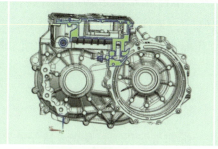	降低成本
驱动电机转子轴和减速器输入轴共用		提高同轴度、减小噪声
驱动电机壳体和变速器壳体共用	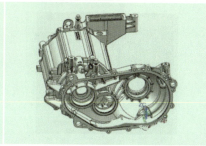	降低成本、提高同轴度、提高装配精度

图 3-3-5　"三合一"动力总成系统实物图

进行决策

1）各组派代表阐述资料查询结果。
2）各组就各自的查询结果进行交流，并分享技巧。
3）教师结合各组完成的情况进行点评，并选出最佳方案。

任务实施

一、准备工作

1）工具："三合一"动力总成、卡簧钳1把、拉拔器1件、耐磨手套2双、一体化工具1套。

2）场地：任务实施前需要做好场地防护准备以及检查实训场地和设备设施是否存在安全隐患，如不正常请向老师汇报并进行处理。

3）安全及注意事项：请严格按照实训步骤进行拆装作业，以免造成部件损伤；拆装"三合一"动力总成系统螺钉时，请注意选用合适的工具，并控制力矩；工作区地面不得有油污、水等液体，以免工作时滑倒造成人员受伤；专用工量具的使用严格按照厂家要求的操作程序进行。

二、实训记录

"三合一"动力总成系统的拆卸与安装步骤及完成情况见表3-3-3。

表3-3-3　"三合一"动力总成系统的拆卸与安装步骤及完成情况

序号	步　骤	图　示	完成情况	备注记录
拆卸"三合一"动力总成系统					
1	拆卸驱动电机		□完成 □未完成	
2	拆卸电机控制器		□完成 □未完成	
3	拆卸变速器		□完成 □未完成	
检查"三合一"动力总成系统					
4	检查输出轴		□完成 □未完成	

(续)

序号	步骤	图示	完成情况	备注记录
检查"三合一"动力总成系统				
5	检查中间轴齿轮		□完成 □未完成	
6	检查差速器		□完成 □未完成	
安装"三合一"动力总成系统				
7	安装输出轴	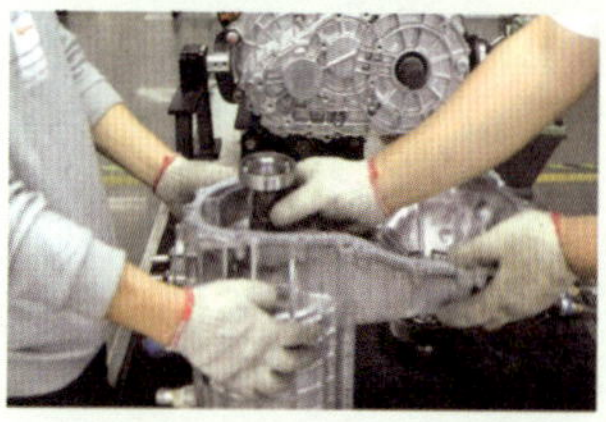	□完成 □未完成	
8	安装中间轴齿轮	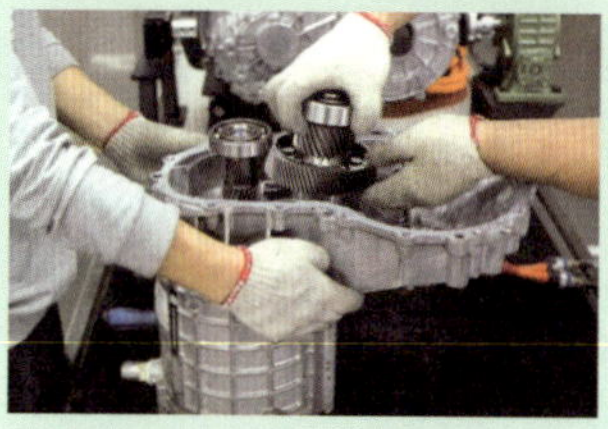	□完成 □未完成	
9	安装差速器		□完成 □未完成	
10	合上变速器端盖	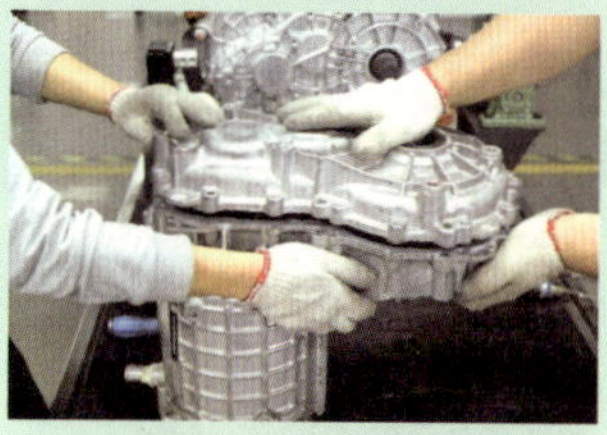	□完成 □未完成	
11	使用橡胶锤轻轻敲击端盖,使其贴合	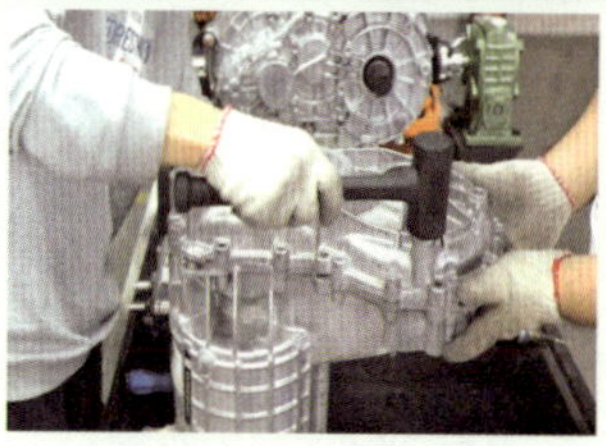	□完成 □未完成	

(续)

序号	步骤	图示	完成情况	备注记录
		安装"三合一"动力总成系统		
12	紧固变速器端盖紧固螺栓		□完成 □未完成	
13	将电机控制器放置在合适位置,安装电机控制器		□完成 □未完成	
14	紧固电机控制器紧固螺栓		□完成 □未完成	
15	安装驱动电机,连接旋变插头		□完成 □未完成	
16	安装电机控制器高压线束,注意线束与铜排贴合		□完成 □未完成	
17	紧固驱动电机高压线束保护盖板螺栓	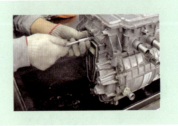	□完成 □未完成	
18	安装完成	—	—	—

 评价反馈

1)各组代表展示汇报PPT,介绍任务的完成过程。

2）以小组为单位，请对各组的操作过程与操作结果进行自评和互评，并将结果填入表 3-3-4。

表 3-3-4 学生评价表

姓名		学号				班级			组别			
实训任务												
评价项目	分值	等级				评价对象（组别）						
		A	B	C	D	1	2	3	4	5	6	7	8
方案合理	20	20	15	10	5								
团队合作	20	20	15	10	5								
工作质量	20	20	15	10	5								
工作规范	20	20	15	10	5								
汇报展示	20	20	15	10	5								
合计	100	各组得分											
总结与反思													

（如：学习过程中遇到什么问题→如何解决的/解决不了的原因→心得体会）

3）教师对学生工作过程与工作结果进行评价，并将评价结果填入表 3-3-5。

表 3-3-5　教师对学生评价表

姓名				学号		班级		组别	
		实训任务							
		评价项目			评价标准			分值	得分
		考勤（10%）			无故意迟到、早退和旷课的现象			10	
工作过程（60%）		知识目标		获取信息	掌握工作相关知识			10	
				进行决策	制订工作方案，方案合理可行			10	
		技能目标		任务实施	能够正确地拆卸"三合一"动力总成系统			5	
					能够独立检查"三合一"动力总成系统			5	
					能够正确地安装"三合一"动力总成系统			5	
					能够识别"三合一"动力总成系统各部件			5	
		素养目标		工作态度	认真严谨、积极主动、安全生产、文明施工			5	
				团队合作	与小组成员、同学之间合作交流，协调工作			5	
项目成果（30%）				工作质量	能按照工作方案操作，按计划完成工作任务			10	
				工作完整	能按时完成工作任务的所有环节			10	
				工作规范	能在整个操作过程中规范操作，避免意外事故的发生			10	
				汇报展示	能准确表达、汇报工作成果			10	
					合计			100	
综合评价				学生评价（50%）		教师评价（50%）		综合得分	
				（作业过程中存在的问题及改进建议）					
综合评语									

情智课堂

攻坚克难

电机工业：

筚路蓝缕，蓬勃发展

1914年，无锡人钱镛森在上海闸北黄家宅自己家中开办钱镛记电器铺，收购、修理、出售小型直流电机、电风扇和小电器，1918年，钱镛记电器铺制成小型电镀用直流发电机。自此以后，钱镛记电器厂制造了多种直流电机。

1916年2月，裕康洋行司账杨济川、威灵洋行跑街叶友才和久记木行跑街袁耀宗三人集资在上海虹口横浜桥创办华生电器制造厂。1917年，华生电器厂制成我国第一台直流发电机。1919—1922年，华生电器厂制成8kW直流发电机和60A电镀用直流发电机。同年，华生电器厂的直流电机获得上海总商会颁发的优等奖和金质奖章。1925年，华生电器厂开始小批量生产1.5~25kW直流发电机。此外，华生电器厂还制成15V、1500A、1440r/min大电流直流发电机。

1924年，益中机器股份有限公司制成我国第一台5马力、380/220V、1430r/min笼型异步电机。1925年3月，周琦撰写的《中国第一台感应马达之制造》论文在美国 Engineering 杂志上发表。

新中国成立后，我国电机工业历经挫折，不断发展，取得了显著成绩。成立初期，我国电机产品标准化程度低，参数参差不齐，不利于电机行业的发展和电机的推广应用。1953年上半年，一机部电工局在哈尔滨组织进行中小型异步电动机、中型同步电动机和小型直流电机的统一设计，初步建立了我国电机行业的标准体系，基本实现了电机产品的统一化、标准化和系列化。

哈尔滨电机厂是新中国成立后国家第一个重点建设的发电设备工厂，也是我国发电设备研制的龙头企业。

从钱镛记电器铺、华生电器厂的初创到哈尔滨电机厂、东方电机厂的领先世界，足有百年之久，百年来，众多仁人志士筚路蓝缕，方才有了现如今蓬勃发展的国产电机工业。希望同学们继承前辈们攻坚克难的精神，在日后的工作和学习中一步一个脚印，创造新的成果。

项目四
充电系统构造与拆装

任务一　充电系统的认知

任务目标

知识目标
1. 了解新能源汽车交、直流充电系统结构的基本认知。
2. 了解新能源汽车交流充电系统行业术语。

技能目标
1. 能准确说出新能源汽车交、直流充电系统的结构。
2. 能熟练介绍比亚迪秦 EV 充电系统。

素养目标
1. 获得分析问题和解决问题的基本方法。
2. 尝试多元化思考解决问题的方法，形成创新意识。
3. 养成定期反思与总结的习惯，改进不足，精益求精。
4. 与小组成员交流、讨论学习成果，取长补短，完成自我提升。

任务框图

任务导入

近些年在国际油价持续创新高的情况下，越来越多的消费者选择新能源汽车作为代步车使用，你作为品牌的技术培训师，如何向 4S 店的维修技师讲解交流充电的工作原理呢？

项目四 充电系统构造与拆装

姓名　　　　班级　　　　日期

任务分组

学生任务分配表见表 4-1-1。

表 4-1-1　学生任务分配表

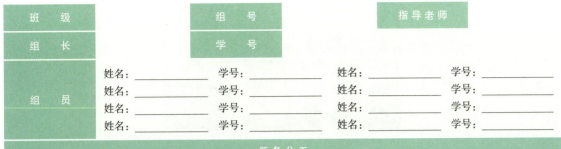

（就组织讨论、工具准备、数据采集、数据记录、安全监督、成果展示等工作内容进行任务分工）

获取信息

引导问题 1： 请查阅相关资料，简述直流充电系统的结构。

_____
_____

知识点提示

新能源汽车直流充电系统结构的认知

秦 EV 车型的直流充电系统由直流充电口、充配电总成中的直流烧结检测模块、直流充电正负极接触器、高压电缆、低压控制线束以及动力蓄电池组成。其中，直流充电口中的 DC+ 和 DC− 之间安装有 2kΩ 热敏式温度传感器，当充电口的温度传感器的阻值变小时，充配电总成通过动力 CAN 与电池管理器进行通信，降低直流充电口的充电电流，直到充电口温度降至正常范围内。若充电口温度持续上升，电池管理器控制充配电总成中的直流充电正负极接触器断开，停止给动力蓄电池充电，避免充电过程中，充电口的温度过高导致充电口熔化，造成安全隐患，保证车辆充电安全。图 4-1-1 所示为秦 EV 充配电总成。

如图 4-1-2 所示，秦 EV 车型的直流充电口安装在车辆 logo 后面，按压 logo 即可打开直流充电口。直流充电口包括高压电缆及低压控制线束。

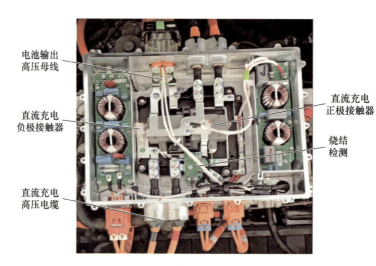

图 4-1-1　秦 EV 充配电总成

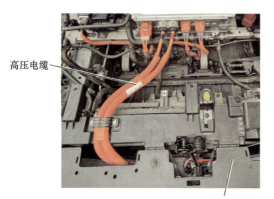
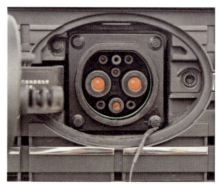

图 4-1-2　秦 EV 车型直流充电口

秦 EV 车型直流充电口低压线束接插件如图 4-1-3 所示，接插件定义见表 4-1-2。

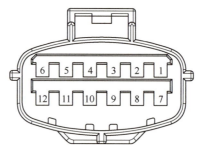

图 4-1-3　秦 EV 车型直流充电口低压线束接插件

表 4-1-2　秦 EV 车型直流充电口低压接插件端子说明

端子号	端口名称	端口定义	线束接法	信号类型	稳态工作电流 /A
1	A−	低压辅助电源负	车身地		
2	A+	低压辅助电源正	接 BMC01-6	电平信号	<1
3	CC2	直流充电感应信号	接 BMC02-15	模拟信号	<1

端子号	端口名称	端口定义	线束接法	信号类型	稳态工作电流/A
4	CAN-L	充电子网 CAN-L	接 BMC02-25	CAN 信号	<1
5	CAN-H	充电子网 CAN-H	接 BMC02-24	CAN 信号	<1
6	CAN 屏蔽	CAN 通信屏蔽	接 BMC02-18	接地	<1
7		温度传感器高 1	接 BMC02-19	模拟信号	<1
8		温度传感器低 1	接 BMC02-12	接地	<1
9		温度传感器高 2	接 BMC02-13	模拟信号	<1
10		温度传感器低 2	接 BMC02-6	接地	<1

引导问题 2：请查阅相关资料，简述交流充电系统的结构。

_____

_____

知识点提示

新能源汽车交流充电系统结构的认知

秦 EV 车型的交流充电系统由交流充电口、充配电总成中的车载充电机、高压电缆、低压线束以及动力蓄电池组成，如图 4-1-4 所示。其中，交流充电口中的 L 和 N 之间安装有 2kΩ 热敏式温度传感器，当充电口的温度传感器的阻值变小时，充配电总成通过动力 CAN 与电池管理器进行通信，降低车载充电机的充电电流，直到充电口温度降至正常范围内。若充电口温度持续上升，车载充电机会停止给动力蓄电池充电，避免充电过程中，充电口的温度过高导致充电口熔化，造成安全隐患，保证车辆充电安全。

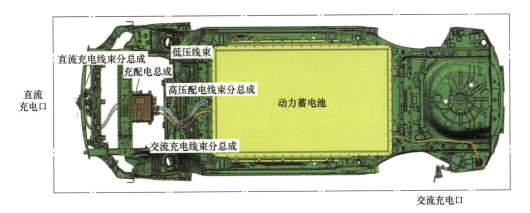

图 4-1-4　秦 EV 车型的交流充电系统

秦 EV 车型的交流充电口安装在右后侧围内，充电口上端安装有充电枪锁电机及锁拴。充电口包括高压电缆及低压控制线束，如图 4-1-5 和图 4-1-6 所示。

交流充电口低压线束插件及定义见表 4-1-3。

图 4-1-5 充电口低压控制线束

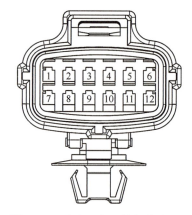

图 4-1-6 充电口低压控制线束端子

表 4-1-3 交流充电口低压线束插件及定义

端子号	端口名称	端口定义	线束接法	信号类型
1	CP	充电控制导引	接充配电总成 33PIN-5	
2	CC	充电连接确认	接充配电总成 33PIN-4/ 接动力蓄电池包 33PIN-25	
3		闭锁电源	接集成式车身控制器 -F8	有效为 12V，无效为接地
4		开锁电源	接集成式车身控制器 -F7	有效为 12V，无效为接地
5		闭锁状态检测	接集成式车身控制器 -E9	闭锁为悬空，开锁为接地
7		温度传感器高	接充配电总成 33PIN-7	
8		温度传感器低	接车身地	

直流充电口认知

交流充电口认知

❓ **引导问题 3**：请写出比亚迪秦 EV 直流充电口与交流充电口的位置。

_____

_____

💡 **知识点提示**

比亚迪秦EV直流充电口与交流充电口的认知

比亚迪秦 EV 车型安装有交流和直流充电装置。其中，交流充电口安装在车身右后翼子板上，直流充电口安装在车头 logo 背后。打开交流充电口或直流充电口，只需要在充电口位置上按下即可，如图 4-1-7 和图 4-1-8 所示。

一、直流充电口

国标直流充电口有九个端子，如

图 4-1-7 比亚迪秦 EV 交流充电口的安装位置

图 4-1-9 所示，分别为 A+、A−、CC1、CC2、S+、S−、PE、DC+、DC−。

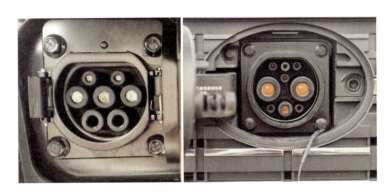

图 4-1-8　比亚迪秦 EV 交流、直流充电口

（1）CC1　充电连接确认，充电桩对车辆，车辆充电插座 CC1 端口与 PE 之间连接有 1kΩ 的电阻。

（2）CC2　充电连接确认，车辆对充电桩，充电枪 CC2 端口与 PE 之间连接有 1kΩ 的电阻。

（3）S+　充电通信 CAN-H，连接非车载充电机与新能源汽车的通信线。

（4）S−　充电通信 CAN-L，连接非车载充电机与新能源汽车的通信线。

（5）DC+　直流电源正，连接直流电源正与高压动力蓄电池正极。

（6）DC−　直流电源负，连接直流电源负与高压动力蓄电池负极。

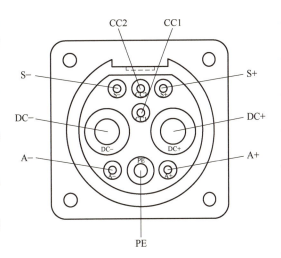

图 4-1-9　比亚迪秦 EV 车型直流充电口定义

（7）A+　低压辅助电源正，连接非车载充电机为新能源汽车提供的低压辅助电源。

（8）A−　低压辅助电源负，连接非车载充电机为新能源汽车提供的低压辅助电源。

（9）PE　保护接地，连接供电设备地线和车辆电平台。

二、交流充电口

国标交流充电口有七个端子，分别为 CC、CP、N、L3、PE、L2、L1。秦 EV 车型交流充电口定义如图 4-1-10 所示。

（1）L1　第一相电源（单相）。

（2）L2　第二相电源。

（3）L3　第三相电源。

（4）N　中性线。

（5）PE　保护接地（PE），连接供电设备地线和车辆电平台。

（6）CC　充电连接确认。

（7）CP　控制导引。

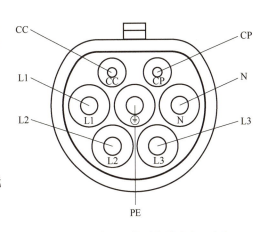

图 4-1-10　秦 EV 车型交流充电口定义

进行决策

1）各组派代表阐述资料查询结果。
2）各组就各自的查询结果进行交流，并分享技巧。
3）教师结合各组完成的情况进行点评，并选出最佳方案。

任务实施

一、准备工作

1）工具：比亚迪秦 EV 整车 1 辆、交流充电枪、直流充电枪。
2）场地：检查实训场地和设备设施是否清洁及存在安全隐患，配电箱、排插是否符合用电需求，如不正常请向老师汇报并进行处理。
3）安全防护：禁止在车辆上电高压情况下检查与更换蓄电池模块，禁止在带电状态下触碰任何带安全警示标志的部件，禁止徒手触摸所有橙色的线束。

二、实训记录

1. 认识交流充电系统的组成与充电逻辑

交流充电系统的组成与充电逻辑完成情况见表 4-1-4。

表 4-1-4　交流充电系统的组成与充电逻辑完成情况

序号	步骤	完成情况	备注记录
1	交流充电系统由交流充电车辆插座分总成、充配电总成、高压配电线束总成、动力蓄电池总成组成	□完成　□未完成	
2	按照电流的走向介绍各个主要的组成部件	□完成　□未完成	
3	介绍交流充电口	□完成　□未完成	
4	充电过程的电流走向介绍：交流充电枪通过车辆交流充电口，将交流电送至充配电总成，经过充配电总成上层的滤波电路后到达下层车载充电机，车载充电机会将电网送来的交流电转换成高压直流电，通过高压配电线束总成达到动力蓄电池，给动力蓄电池充电	□完成　□未完成	
5	介绍交流充电控制逻辑	□完成　□未完成	

2. 认识直流充电系统的组成与充电逻辑

直流充电系统的组成与充电逻辑完成情况见表 4-1-5。

表 4-1-5　直流充电系统的组成与充电逻辑完成情况

序号	步骤	完成情况	备注记录
1	直流充电系统由直流充电车辆插座分总成、充配电总成、高压配电线束总成、动力蓄电池总成组成	□完成　□未完成	

项目四　充电系统构造与拆装

(续)

序号	步骤	完成情况	备注记录
2	按照电流的走向介绍各个主要的组成部件	□完成　□未完成	
3	介绍直流充电口	□完成　□未完成	
4	充电过程的电流走向介绍：直流充电枪通过直流充电车辆插座分总成将高压直流电送到充配电总成内部，内部高压配电模块通过铜排、直流充电接触进行配电后，再通过高压配电线束总成把高压直流电送到动力蓄电池进行充电	□完成　□未完成	
5	介绍直流充电控制逻辑	□完成　□未完成	

评价反馈

1）各组代表展示汇报 PPT，介绍任务的完成过程。

2）以小组为单位，请对各组的操作过程与操作结果进行自评和互评，并将结果填入表 4-1-6。

表 4-1-6　学生评价表

姓名		学号				班级			组别			
实训任务												
评价项目	分值	等级				评价对象（组别）						
		A	B	C	D	1	2	3	4	5	6	7	8
方案合理	20	20	15	10	5								
团队合作	20	20	15	10	5								
工作质量	20	20	15	10	5								
工作规范	20	20	15	10	5								
汇报展示	20	20	15	10	5								
合计	100	各组得分											
总结与反思													

（如：学习过程中遇到什么问题→如何解决的/解决不了的原因→心得体会）

3）教师对学生工作过程与工作结果进行评价，并将评价结果填入表 4-1-7。

表 4-1-7 教师对学生评价表

姓名				学号		班级		组别	
实训任务									
评价项目				评价标准				分值	得分
考勤（10%）				无故意迟到、早退和旷课的现象				10	
工作过程（60%）		知识目标	获取信息	掌握工作相关知识				10	
			进行决策	制订工作方案，方案合理可行				10	
		技能目标	任务实施	能够识别秦 EV 车型交流充电系统的结构				5	
				能够识别秦 EV 车型直流充电系统的结构				5	
				能够描述秦 EV 车型交流充电逻辑				5	
				能够描述秦 EV 车型直流充电逻辑				5	
		素养目标	工作态度	认真严谨、积极主动、安全生产、文明施工				5	
			团队合作	与小组成员、同学之间合作交流，协调工作				5	
项目成果（30%）			工作质量	能按照工作方案操作，按计划完成工作任务				10	
			工作完整	能按时完成工作任务的所有环节				10	
			工作规范	能在整个操作过程中规范操作，避免意外事故的发生				10	
			汇报展示	能准确表达、汇报工作成果				10	
合计								100	
综合评价				学生评价（50%）		教师评价（50%）		综合得分	
				（作业过程中存在的问题及改进建议）					
综合评语									

任务二　交直流充电系统的拆装

任务目标

知识目标
1. 了解直流电和交流电的概念。
2. 了解直流充电和交流充电的概念。

技能目标
1. 能说出新能源汽车直流充电的工作原理。
2. 能说出新能源汽车交流充电的工作原理。
3. 能熟练分析新能源汽车交流充电的条件。

素养目标
1. 尝试多元化思考解决问题的方法，形成创新意识。
2. 具备从多途径的信息源中检索专业知识的能力。
3. 养成定期反思与总结的习惯，改进不足，精益求精。
4. 与小组成员交流、讨论学习成果，取长补短，完成自我提升。

任务框图

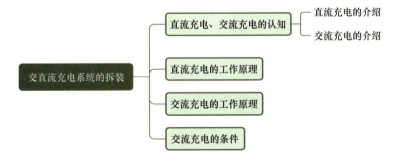

任务导入

一名客户想要购买一台比亚迪秦 EV 纯电动汽车，他第一次来到 4S 店想要了解该车型的充电系统。作为一名销售顾问，请你为客户介绍纯电动汽车充电系统的工作原理。

任务分组

学生任务分配表见表 4-2-1。

表 4-2-1　学生任务分配表

班　级		组　号		指导老师	
组　长		学　号			
组　员	姓名：_____	学号：_____		姓名：_____	学号：_____
	姓名：_____	学号：_____		姓名：_____	学号：_____
	姓名：_____	学号：_____		姓名：_____	学号：_____
	姓名：_____	学号：_____		姓名：_____	学号：_____
任务分工					
（就组织讨论、工具准备、数据采集、数据记录、安全监督、成果展示等工作内容进行任务分工）					

获取信息

引导问题 1：请查阅相关资料，简述直流充电的概念。

_____

_____

（二维码：直流充电桩认知）

知识点提示

直流充电、交流充电的认知

一、直流充电的介绍

直流充电是指使用直流充电设备直接给新能源汽车的动力蓄电池补充能量的方式。直流充电设备是直接安装固定在户外，接入电网，为新能源汽车的动力蓄电池提供直流电源的充电装置，可直接为新能源汽车的动力蓄电池充电。直流充电设备可以从功率大小、充电枪的数量、结构型式和安装方式等不同维度进行分类。

1）按结构型式比较，直流充电桩分为一体式直流充电桩和分体式直流充电桩两种。

2）按照直流充电桩的功率分类，直流充电桩的功率可分为 15kW、20kW、30kW、40kW、45kW、60kW、80kW、90kW、120kW、160kW、180kW、240kW、360kW 等。

3）按照直流充电枪的数量分类，可分为单枪直流充电桩、双枪直流充电桩（图 4-2-1 和图 4-2-2）以及四枪直流充电桩。

二、交流充电的介绍

交流充电是指直接用电网 220V 交流电连接车辆给车辆充电。公共场所充电有交流充电桩，家用充电使用小的充电盒，分为便携式、落地式和壁挂式。

项目四　充电系统构造与拆装

图 4-2-1　一体式双枪直流充电桩

图 4-2-2　分体式双枪直流充电桩

交流充电装置供给到车辆的是 220V 交流电，动力蓄电池是高压 350V 以上的直流电，要完成这个充电过程必须有一个车载装置实现直流-交流逆变和升压，这个车载装置叫作车载充电机。

图 4-2-3 所示为交流充电示意图，车载充电机里面包括单片机 1 和单片机 2、DSP。当然有的厂家方案只有一个单片机，CC/CP 部分直接用 DSP 实现。交流充电桩的 ARM 控制 K1、K2、S1。单片机 1 控制 K3。单片机 2 控制 S2。DSP 控制 K4。BMS 控制高压配电箱里面的 K5、K6 和动力蓄电池里面的 K7。K5 表示预充接触器，K6 表示慢充接触器，K7 表示动力蓄电池负极接触器。

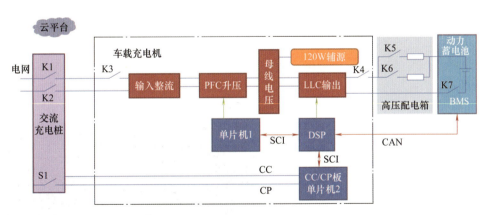

图 4-2-3　交流充电示意图

引导问题 2：请查阅相关资料，简述直流充电的工作原理。

_____

_____

知识点提示

直流充电的工作原理

直流充电的基本过程是：在动力蓄电池的两端加载直流电压，以恒定大电流对动力蓄电池充电,动力蓄电池的电压渐渐地缓慢上升,上升到一定程度,动力蓄电池电压达到标称值,SOC 在 88% 时(针对不同动力蓄电池,不同主机厂的控制策略不一样)以上,转为恒压充电,降低充电电流。当直流充电桩输出的电流小于 5A 时,直流充电桩停止给新能源汽车充电。

非车载充电机(即直流充电桩)和新能源汽车两者通过车辆直流充电口相连。S 开关是一个常闭开关,与直流充电枪头上的按键(即机械锁)相关联,当按下充电枪头上的按键,S 开关打开。而 U1、U2 是一个 12V 上拉电源,R1~R5 是阻值约为 1000Ω 的电阻,R1~R3 在充电枪上,R4、R5 在车辆插座上,如图 4-2-4 所示。

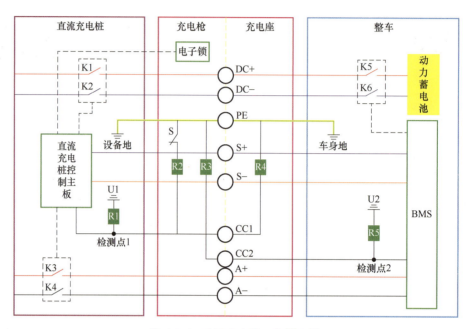

图 4-2-4　直流充电的工作原理图

1. 车辆充电口连接确认阶段

当按下直流充电枪头按键,将直流充电枪插入直流充电口内,再放开枪头按键。充电桩的检测点 1 将检测到 12V—6V—4V 的电平变化。一旦检测到 4V,充电桩将判断充电枪插入成功,车辆接口完全连接,并将充电枪中的电子锁进行锁定,防止枪头脱落,如图 4-2-5 所示。

图 4-2-5　直流充电连接成功

2. 直流充电桩自检阶段

在车辆接口完全连接后,充电桩将闭合 K3、K4,使低压辅助供电回路导通,为新能源汽车控制装置供电(有的车辆不需要供电)(车辆得到供电后,将根据检测点 2 的电压判断车辆接口是否连接,若电压值为 6V,则车辆控制装置开始周期发送通信握手报文),接着闭合 K1、K2,进行绝缘检测,所谓绝缘检测,即检测 DC 电路的绝缘性能,保证后续充电过程的安全性。绝缘检测结束后,将投入泄放电路泄放能量,并断开 K1、K2,同时开始周期发送通信握手报文。

3. 充电准备就绪阶段

新能源汽车与直流充电桩相互配置的阶段,车辆控制 K5、K6 闭合,使充电回路导通,充电桩检测到车辆端动力蓄电池电压正常（电压与通信握手报文描述的电池电压误差≤±5%，且在充电桩输出最大、最小电压的范围内）后闭合 K1、K2，那么直流充电电路导通，新能源汽车就准备开始充电。

4. 充电阶段

在充电阶段，车辆向直流充电桩实时发送动力蓄电池充电需求的参数，充电桩会根据该参数实时调整充电电压和电流，并相互发送各自的状态信息（充电桩输出电压电流、车辆动力蓄电池电压电流、SOC 等）。

充电结束：车辆会根据 BMS 是否达到充满状态或是收到充电桩发来的"充电桩中止充电报文"来判断是否结束充电。满足以上充电结束条件，车辆会发送"车辆中止充电报文"，在确认充电电流小于 5A 后断开 K5、K6。

充电桩在达到操作人员设定的充电结束条件，或者收到汽车发来的"车辆中止充电报文"，会发送"充电桩中止充电报文"，并控制充电桩停止充电，在确认充电电流小于 5A 后断开 K1、K2，并再次投入泄放电路，然后再断开 K3、K4。

  引导问题 3：请查阅相关资料，简述交流充电的工作原理。
_____
_____

 知识点提示

交流充电的工作原理

新能源汽车的动力蓄电池的充电过程由电池管理器进行实时监测和保护。车载充电机工作状态及指令均由电池管理器发出的指令进行控制，包括工作模式指令、动力蓄电池允许充电的最大电压、充电允许的最大电流、动力蓄电池加热状态的电流值等。交流充电系统原理示意图如图 4-2-6 所示。

充电 CC/CP 控制逻辑：起动开关处于 OFF 档时，当车辆插入交流充电枪后，CC 检测由悬空变为接地，通过检测点 3 与 PE 间电阻，来判断车辆插头与车辆插座连接状态，确认当前充电连接装置（电缆）的额定功率并点亮充电连接指示灯。通过测量检测点 2 的 PWM（脉冲宽度调制）信号占空比确认当前供电设备的最大供电电流，当车辆检测到充电枪输出占空比时，允许车辆充电。

当车辆处于交流充电模式下，车载充电机检测交流充电接口的 CC、CP 信号（充电枪插入、导通信号）并唤醒电池管理器，电池管理器唤醒车载充电机并发送指令充电，同时电池管理器控制动力蓄电池包内部正负极接触器闭合，动力蓄电池开始充电。

CC 检测：通过对接入电路（接地）的检测来判断 CC 是否连接，如检测到压降，则认为 CC 已经连接。根据 CC 与 PE 的阻值，可以判断充电枪的功率大小及最大充电电流见表 4-2-2。

CP 检测：当充电枪成功连接后，CP 信号为占空比信号，通过 CP 检测线输入的信号，可以得出该充电机允许的最大交流充电电流，CP 信号判断充电枪最大输出电流，见表 4-2-3。

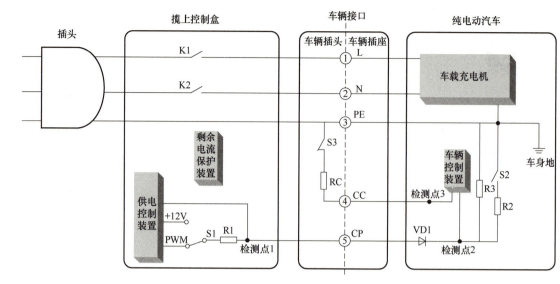

图 4-2-6 交流充电系统原理示意图

表 4-2-2 根据 CC 与 PE 的阻值判断充电枪的功率大小及最大充电电流表

CC 与 PE 的阻值判断充电枪的功率大小及最大充电电流			
电阻	交流充电的最大电流	充电功率	备注
1.5kΩ	10A	随车充电机	
680Ω	16A	3.3kW 充电桩	
220Ω	32A	7kW 充电桩	
100Ω	63A	三相交流充电桩	
2kΩ	放电功能（VTOL）	放电功率 3.3kW	秦 EV 车型不具备此功能
220Ω	放电功能 32A（VTOV）	放电功率 7kW	
100Ω	放电功能 63A（VTOG）	放电功率 40kW	

表 4-2-3 CP 信号判断充电枪最大输出电流

CP 信号数据表	
PWM	占空比 D 最大允许电流 I_{max}
$D<3\%$	不允许充电
$3\% \leq D \leq 7\%$	5% 的占空比表示需要数字通信，且需要充电
$7\%< D <8\%$	不允许充电
$8\% \leq D <10\%$	$I_{max}=6$
$10\% \leq D <85\%$	$I_{max}=100D \times 0.6A$
$85\% \leq D <90\%$	$I_{max}=(100D-64) \times 2.5A$ 且 $I_{max} \leq 63A$
$90\% \leq D \leq 97\%$	预留
$D >97\%$	不允许充电

❓ **引导问题 4**：请查阅相关资料，简述交流充电的充电条件。

_____

_____

知识点提示

交流充电的条件

交流充电的条件如下：

1）交流充电枪与交流充电口连接确认信号正常。

2）车载充电机供电电源正常（含 AC 220V 和充电枪端的 DC 12V）及车载充电机低压控制线束及本体正常。

3）充电唤醒信号输出正常（DC 12V）。

4）车载充电机、整车控制器、BMS 之间通信正常，动力蓄电池包正、负极接触器闭合、电池管理器向车载充电机发送电流强度需求的指令。

5）单体蓄电池之间的最高温度与最低温度差不超过 5℃，且单体蓄电池的温度 >5℃。

6）单体蓄电池的最高电压与最低电压差 <0.03V（30mV）。

7）动力蓄电池的绝缘阻值 >500Ω/V。

8）高、低压电路连接正常（远程控制开关关闭状态）。

提示：交流充电设备用电功率不能超过家庭电网的负载上限，避免引起电网损坏或烧毁。

进行决策

1）各组派代表阐述资料查询结果。

2）各组就各自的查询结果进行交流，并分享技巧。

3）教师结合各组完成的情况进行点评，并选出最佳方案。

任务实施

一、准备工作

1）工具：比亚迪秦 EV 整车 1 辆、安全防护套装 1 套、一体化工量具 1 套。

2）场地：检查实训场地和设备设施是否清洁及存在安全隐患，配电箱、排插是否符合用电需求，如不正常请向老师汇报并进行处理。

3）安全防护：禁止在车辆上电高压情况下检查与更换蓄电池模块，禁止在带电状态下触碰任何带安全警示标志的部件，禁止徒手触摸所有橙色的线束。

二、实训记录

拆装交流充电系统的步骤及完成情况见表 4-2-4。

表 4-2-4　拆装交流充电系统的步骤及完成情况

序号	步骤	图示	完成情况	备注记录
1	进入车辆，拉起前机舱盖开关，打开前机舱并检查支撑装置是否松动或老化	—	□完成 □未完成	
2	找到辅助蓄电池负极连接装置，选择合适棘轮或扳手，拆卸负极连接装置，并做好防护	—	□完成 □未完成	

（续）

序号	步骤	图示	完成情况	备注记录
9	使用8号套筒拆卸充电座前端面的四个螺栓，将充电口以及携带的电子锁、高压线束、低压接插件从车身开孔一起拉出		□完成 □未完成	
10	安装按照与拆卸相反的顺序进行	—	□完成 □未完成	

📋 评价反馈

1）各组代表展示汇报 PPT，介绍任务的完成过程。

2）以小组为单位，请对各组的操作过程与操作结果进行自评和互评，并将结果填入表 4-2-5。

表 4-2-5 学生评价表

姓名		学号				班级				组别			
实训任务													
评价项目	分值	等级				评价对象（组别）							
		A	B	C	D	1	2	3	4	5	6	7	8
方案合理	20	20	15	10	5								
团队合作	20	20	15	10	5								
工作质量	20	20	15	10	5								
工作规范	20	20	15	10	5								
汇报展示	20	20	15	10	5								
合计	100	各组得分											
总结与反思													

（如：学习过程中遇到什么问题→如何解决的 / 解决不了的原因→心得体会）

3）教师对学生工作过程与工作结果进行评价，并将评价结果填入表 4-2-6。

表 4-2-6　教师对学生评价表

姓名			学号		班级	组别	
实训任务							
评价项目			评价标准			分值	得分
考勤（10%）			无故意迟到、早退和旷课的现象			10	
工作过程（60%）	知识目标	获取信息	掌握工作相关知识			10	
		进行决策	制订工作方案，方案合理可行			10	
	技能目标	任务实施	能够正确地完成交流充电系统的拆卸			10	
			能够正确地完成交流充电系统的安装			10	
	素养目标	工作态度	认真严谨、积极主动、安全生产、文明施工			5	
		团队合作	与小组成员、同学之间合作交流，协调工作			5	
项目成果（30%）		工作质量	能按照工作方案操作，按计划完成工作任务			10	
		工作完整	能按时完成工作任务的所有环节			10	
		工作规范	能在整个操作过程中规范操作，避免意外事故的发生			10	
		汇报展示	能准确表达、汇报工作成果			10	
合计						100	
综合评价			学生评价（50%）	教师评价（50%）		综合得分	
综合评语			（作业过程中存在的问题及改进建议）				

情智课堂

——创新精神——

新能源汽车充电难题：

多种思路 协同解决

据公安部统计，截至 2022 年 6 月底，我国新能源汽车保有量达 1001 万辆。据测算，到"十四五"末，我国新能源汽车保有量将超出 2000 万辆。随着新能源汽车保有量的逐步提升，如何快捷方便地给新能源汽车充电以缓解续驶里程焦虑，成了众多新能源汽车车主苦恼的问题。

解决新能源汽车充电难题，最简单的方法就是多建充电桩，2022 年 10 月 11 日，中国充电联盟发布公共充电基础设施运行情况。截至 2022 年 9 月，联盟内成员单位总计上报公共充电桩 163.6 万台，其中，直流充电桩 70.4 万台、交流充电桩 93.1 万台。从充电基础设施与电动汽车的对比情况来看，2022 年 1~9 月，充电基础设施增量为 187.1 万台，新能源汽车销量 456.7 万辆，充电基础设施与新能源汽车继续爆发式增长。桩车增量比为 1∶2.4，充电基础设施建设能够基本满足新能源汽车的快速发展。

日益完善的充电设施，增强了新能源汽车车主绿色出行的底气。2022 年春节前，广州车主邓先生驾驶电动汽车返回湖南老家，因大雾京港澳高速某段封闭改走乡道，"非常担心车歇在半路，幸好通过导航搜索发现乳源大桥镇充电站就在 2km 外，心里顿时觉得好踏实！"。

与多建充电桩齐头并进的另一个解决方案是"超充"，从技术而言，"超充"技术瓶颈已经突破。充电倍率（C）是衡量充电速度的指标，当前新能源汽车动力蓄电池的充电倍率为 1C，即快充 1h 能充满。超级快充技术是让电池充电倍率比现在提高 3 倍（即 3C）及以上的新一代电池技术，是包含了超充电池和大功率充电设施的整体解决方案。根据测算，在 3C~4C 快充情景下，纯电动汽车仅需 10min 左右就能完成 20%~80% 的续驶里程补给，充电体验已能够与加油站相当。超级快充有望从根本上解决"续驶焦虑""社区充电难""高速充电难""冬季充电难"等一系列制约新能源汽车普及的关键痛点和瓶颈，将加速全球汽车产业的电动化转型进程。

作为我国汽车产量第一城的广州在 2022 年提出建设"超充之都"的设想，按照设想，广州将在 2024 年建成超级快充站约 1000 个、换电站约 200 个。拥有 70 多家会员企业的广州市电动汽车充换电设施行业协会倡议，城市充电网络应建设"超充、快充、慢充"三级体系，以满足车主多层次多场景的补能需求，协会会长刘豫明认为，一级核心骨干网络以超充站为主，充电桩功率不低于 480kW、电压不低于 1000V，追求效率、即充即走；二级次骨干网络以直流快充为主，主要布局在大型商超、办公场所以及现有的公共快充站点，充电时长约 1h；三级网络则以 7kW 的家用充电桩为主，是充电网络的毛细血管。"以超充站为主的一级网络尤其强调总体规划，要避免走快充站的老路。"刘豫明说，充电网络也不能只围绕超充布局，要充分适配市民充电场景。

除充电桩外，作为新能源汽车的另一重要补能技术，换电模式近几年也颇为火热。通过换电，新能源汽车能够在短时间内"满血复活"，是解决充电时间过长的理想方案之一。不同于以往的整车充电模式，换电模式是将新能源汽车的动力蓄电池进行更换，以满足车主的续驶需求，是一种将车和动力蓄电池分离进行补能的模式。

目前换电技术路线主要分为两种：一种是整包换电，即将新能源汽车底部的动力蓄电池整体更换，不同车型动力蓄电池的标准不同；另一种则是分箱换电，即设计标准化、可拆卸的动力蓄电池箱，并根据不同车型的需求，在车辆底部布置不同数量的动力蓄电池箱，换电时只需更换动力蓄电池箱即可。近年来，换电模式作为新能源汽车的一种新的补能方式，不仅广泛地吸引了业界的关注，还得到国家政策的大力支持。2020年《政府工作报告》，明确将换电站纳入我国新基建项目范畴。同年10月，国务院办公厅发布的《关于印发新能源汽车产业发展规划（2021—2035年）》，明确鼓励开展换电模式推广应用。2021年《政府工作报告》再次提出，要增加停车场、充电桩、换电站等设施，加快建设动力蓄电池回收利用体系。2022年1月，国家发展和改革委员会等部门联合印发了《关于进一步提升电动汽车充电基础设施服务保障能力的实施意见》，进一步提出要加快换电模式推广应用，加强充换电技术创新与标准支撑，优化提升共享换电服务，提升换电模式的安全性、可靠性与经济性。

虽然这三个解决方案各自仍存在一定的缺陷，但我们从中可以看到相关从业者们的创新精神。创新是一个国家、一个民族发展进步的不竭动力，从"日新之谓盛德"到"创新是一个民族进步的灵魂"，从"苟日新，日日新，又日新"到"惟创新者进，惟创新者强，惟创新者胜"，中华民族是富有开拓创新精神的伟大民族，开拓创新精神是中华民族的鲜明禀赋。相信在将来，还会有更多新的方案被提出，会有更多解决新能源汽车补能问题的奇思妙想，也希望诸位同学以此自励，做一个有创新精神和实践能力的高素质技能型人才。

项目五
底盘系统构造与拆装

任务一 转向系统的构造与拆装

🎯 任务目标

知识目标
1. 了解汽车转向系统的发展历程。
2. 了解机械转向系统的结构与工作原理。

技能目标
1. 能准确说出助力转向系统的分类、结构及优点。
2. 能熟练分析线控转向系统的优点。

素养目标
1. 获得分析问题和解决问题的基本方法。
2. 尝试多元化思考解决问题的方法,形成创新意识。
3. 养成定期反思与总结的习惯,改进不足,精益求精。
4. 与小组成员交流、讨论学习成果,取长补短,完成自我提升。

🔧 任务框图

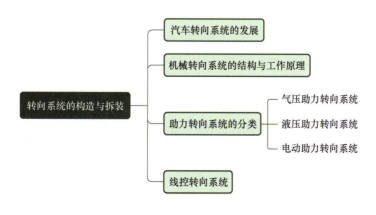

📥 任务导入

汽车的转向系统是其最重要的子系统之一，它对车辆的行驶安全性、操纵稳定性和驾驶人的操作舒适性均会产生重要的影响。

随着科技水平的发展，汽车转向系统也在不断迭代，你作为品牌的技术培训师，如何向 4S 店的维修技师讲解几种常见的汽车转向系统的结构？

👥 任务分组

学生任务分配表见表 5-1-1。

表 5-1-1 学生任务分配表

班　级		组　号		指导老师	
组　长		学　号			
组　员	姓名：＿＿＿＿　学号：＿＿＿＿ 姓名：＿＿＿＿　学号：＿＿＿＿ 姓名：＿＿＿＿　学号：＿＿＿＿ 姓名：＿＿＿＿　学号：＿＿＿＿			姓名：＿＿＿＿　学号：＿＿＿＿ 姓名：＿＿＿＿　学号：＿＿＿＿ 姓名：＿＿＿＿　学号：＿＿＿＿ 姓名：＿＿＿＿　学号：＿＿＿＿	
任　务　分　工					

（就组织讨论、工具准备、数据采集、数据记录、安全监督、成果展示等工作内容进行任务分工）

🔍 获取信息

❓ **引导问题 1**：请查阅相关资料，简述汽车转向系统未来发展的方向。

＿＿

＿＿

💡 知识点提示

汽车转向系统的发展

汽车的转向系统经历了机械转向系统、液压助力转向系统、电动助力转向系统和线控转向系统这四个发展阶段。

汽车转向系统未来发展的方向是无人驾驶的主动转向系统。虽然线控转向系统（Steer-by-wire System，SBW）被学者们认为更适用于自动驾驶，但线控转向技术尚未发展成熟，并且成本较高。如今发展较为成熟、应用较为广泛的是电动助力转向系统（Electric Power Steering，EPS）。

 引导问题2：请查阅相关资料，简述机械转向系统的工作原理。

_____

_____

考证指南

新能源汽车装调与测试职业技能等级要求（初级）中的转向系统装配与调试任务就要求考生能识别转向系统零部件型号及接口，按照工艺文件完成转向系统整车装配调试，确认装配和连接正常，系统无故障。通过新能源汽车装调与测试职业技能等级（初级）考核可获得教育部职业技能等级证书中的《新能源汽车装调与测试职业技能等级证书（初级）》。

知识点提示

机械转向系统的结构与工作原理

机械转向系统以驾驶人的体力作为转向能源，所有传递力的构件都是机械的，主要由转向操纵机构、机械转向器和转向传动机构三大部分组成，如图5-1-1所示。

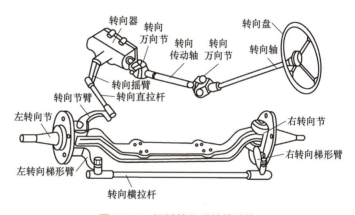

图5-1-1 机械转向系统的结构

汽车转向时，驾驶人对转向盘施加一个转向力矩，通过转向轴、转向万向节和转向传动轴，将转向力矩输入转向器。转向器将转向盘的力矩放大后传给转向摇臂，再通过转向直拉杆传给固定在左转向节上的转向节臂，使左转向节及装于其上的左转向轮绕主销偏转。左、右转向梯形臂的一端分别固定在左、右转向节上，另一端则与转向横拉杆进行球铰链连接。当左转向节偏转时，经左转向梯形臂、转向横拉杆和右转向梯形臂的传递，右转向节及装于其上的右转向轮随之绕主销同向偏转一定的角度。转向结束时，将转向盘恢复到原始位置，使转向车轮恢复直线行驶。其中，转向盘、转向轴、转向万向节、转向传动轴属于转向操纵机构；机械转向器有多种类型，轿车上常采用齿轮齿条转向器；转向摇（垂）臂、转向直（纵）拉杆、转向节臂、转向梯形臂、转向横拉杆等属于转向传动机构。

 引导问题3：请查阅相关资料，简述电动助力转向系统的结构。

_____

_____

知识点提示

助力转向系统的分类

对于转向系统来说，最主要的要求是转向的灵敏性和操纵的轻便性。高的转向灵敏性，要求转向器具有小的传动比；好的操纵轻便性，则要求转向器具有大的传动比。可见两者是矛盾的，普通的机械转向系统很难兼顾汽车的转向灵敏性和操纵的轻便性。为解决这一矛盾，越来越多的车辆采用了以发动机输出的部分动力为能源的助力转向系统。

助力转向系统是将发动机的部分机械能转化为压力能，并在驾驶人的控制下对转向传动装置或者转向器中某一传动件施加液压或气压作用力，以减轻驾驶人转向操纵力的一套零部件的总称。

助力转向系统的作用是汽车转向时，减小驾驶人施加给转向盘的力，提高驾驶舒适性。助力转向系统按动力介质的不同可分为气压助力转向系统、液压助力转向系统和电动助力转向系统三类。

一、气压助力转向系统

气压助力转向系统主要应用于前轴最大轴载质量为 3~7t 并采用气压制动系统的载货汽车和客车。对于装载质量过大的载货汽车，因为其气压制动系统的工作压力较低，使零部件结构复杂、尺寸过于庞大、消耗功率多、易产生泄漏，而且转向力也不宜有效控制，所以这种助力转向系统不容易用于大型载货汽车和小型轿车。

二、液压助力转向系统

液压助力转向系统工作灵敏度高，结构紧凑、外廓尺寸较小，工作时无噪声，工作滞后时间短，而且能吸收来自不平路面的冲击。因此，液压助力转向系统在各类汽车上得到了广泛的应用。液压助力转向系统按系统内部的压力可以分为常流式液压助力转向系统和常压式液压助力转向系统；按转向控制阀的运动方式又可以分为滑阀式液压助力转向系统和转阀式液压助力转向系统。

液压助力转向系统的结构如图 5-1-2 所示。驾驶人转动转向盘，转向摇臂摆动，通过转向直拉杆、横拉杆、转向节臂，使转向轮偏转，改变汽车的行驶方向。同时，转向器输入轴带动转向器内部的转向控制阀转动，使转向动力缸产生液压作用力，帮助驾驶人进行转向操纵。这样，驾驶人只要在转向盘上加很小的转向力矩，就可以克服地面作用于转向轮上的转向阻力矩，使转向操纵轻便、灵活，还提高了汽车行驶的安全性。

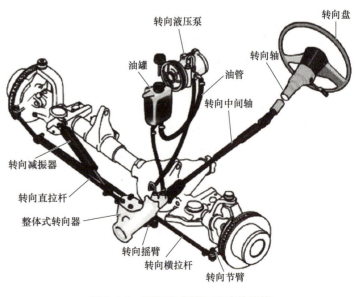

图 5-1-2　液压助力转向系统的结构

三、电动助力转向系统

电动助力转向系统是一种直接依靠电动机提供辅助转矩的电动助力转向系统。

电动助力转向系统根据助力电动机安装的位置不同可分为转向柱助力式电动助力转向系统（Column-assistant EPS，C-EPS）、齿轮助力式电动助力转向系统（Pinion-assistant EPS，P-EPS）、齿条助力式电动助力转向系统（Rack-assistant EPS，R-EPS）。三种典型的电动助力转向系统结构如图5-1-3所示。

C-EPS的助力电动机可以安装在转向柱的任何位置，成本最低，助力响应较好，但提供的助力较小，转向柱部分占用空间大，产生的噪声偏大，适用于微型轿车。

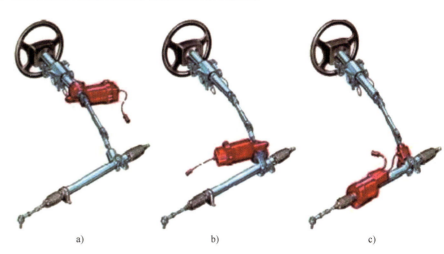

图5-1-3 三种典型的电动助力转向系统结构
a）转向柱助力式 b）齿轮助力式 c）齿条助力式

P-EPS的助力电动机通过小齿轮与齿条啮合，电动机助力转矩直接加在小齿轮轴上，其刚性好，转向路感强，助力不需要管柱部件传递，电动机可以提供更大的助力，适用于中小型轿车。

R-EPS的助力电动机和减速机构安装在齿条外侧，采用锥齿轮和滚珠丝杠构成二级减速机构，这种安装方式可以产生更大的助力，能量利用率高，适用于中型汽车。

电动助力转向系统是利用电动机作为动力源，根据汽车的车速和转向参数等相关数据，由电子控制单元（ECU）完成控制的一种转向系统。它直接依靠电动机为其提供辅助转矩并以之作为动力。电动助力转向系统的主要组件包括助力电动机、ECU、传感器、减速器、助力传动机构和机械式转向器等。

（1）助力电动机　助力电动机是汽车转向助力系统中提供助力的主要组件，由其工作产生相应的电量，通过该电量实现对整个车身转向的助力提供。当前，在汽车生产中使用的多为无刷直流电动机。

（2）ECU　ECU是整个电动助力转向系统的控制中心，其作用就如同"人的大脑"，收集所有的信号，并对其进行分析后，为后续给相应组件下达工作指令做准备。将车身行驶过程中的所有信息进行收集，随后利用特定的程序进行处理，再给相应的组件下达工作指令。ECU在工作状态中不只是要对车身的运行情况进行监控，还会对自身的工作情况进行监控，一旦发现系统出现异常，还能启动自我保护功能，将整个车身的控制电流切断，使驾驶人通过自主判断进行转向，保证车身的稳定性和安全性。

（3）传感器

1）转矩传感器。在汽车正常行驶过程中，转向时会产生一定的力矩，而转矩传感器的主要作用就是将转变的信息进行收集，随后将其转变为电信号，将其传输到电动助力转向系统的ECU中，使其进行数据处理，计算电动助力转向系统需要为汽车转向所带来的助力，并由该系统主动为汽车的转向提供助力。

2）车速传感器。在汽车的正常行驶过程中，路面的情况会一直发生变化，并不会一直保持一种路况，当路面发生变化时，汽车的车速就会随之变化，因此，车速传感器通常被安装在变速器上，收集汽车车速的变化情况。传感器将收集到的信息转化成相应的电信号后传入ECU中供其进行分析和处理，随后才向相应的运动组件发布相关的工作指令。在驾驶人操作的过程中，为了使驾驶人的操作负担减小，电动助力转向系统会提供相应的助力，而在此类传感器的信息收集过程中，就需要对变化的车速信号进行收集，促使ECU能够收集到准确的信息，以便其计算出应当提供的最佳助力。

（4）减速器　减速器的主要作用是，当车辆行驶过程中出现路况变化或是紧急情况时，需要将车速快速地降下来，此时减速器的作用就显现出来了。减速器工作的主要原理是将扭杆上的转速降低，当前汽车生产中用得较多的是齿轮减速器，这种减速器可以利用其齿轮和扭杆进行接触，增大两者之间的摩擦，使扭杆的转速降低，如此一来就达到了减速的效果。电磁离合器最大的作用就是系统的自我保护机制，当系统发生异常时，电磁离合器会发现故障，并将与故障组件相连的零部件断开，将故障组件独立出来，对系统进行保护。

（5）助力传动机构　在电动助力转向系统中会出现一个减速增扭的作用，发生该作用的主要机制是，由于减速传动机同电动机这两个组件是相互连接的，而在减速传动机的构成中有一些齿轮，当齿轮同凹槽结合时能增加摩擦，使车速降下来。该传动齿轮与电动机相连时也能对电动机的速度造成影响，可以使电动机的转动速度变慢，产生的助力也减小。因此，也就是说减速增扭作用主要就表现为减速传动机同电动机之间的一个相互作用，利用减速传动机控制电动机的转动速度。

（6）机械式转向器　转向器顾名思义就是主要针对汽车的转向运动，通过转向器的转换，能将汽车的运动在直线和弯道之间进行转换。在转向器效率的计算中，通常将转向器输出端与输入端功率的比值定义为传动效率，传动效率越高说明该转向器的工作性能越稳定。在汽车转向的实际操作过程中还利用正效率和逆效率来进行转向器操作特点的说明，正效率主要是指转向器的转向操作更加灵敏，逆效率主要是指驾驶人使用转向器的效果更好。

引导问题4：请查阅相关资料，简述线控转向系统的工作原理。

知识点提示

线控转向系统

汽车线控转向系统的工作原理图如图5-1-4所示，驾驶人进行转向操作时，通过转向盘输入转向的角度、转向角速度以及转向力矩，转向盘模块中的传感器采集一系列信号并传递到转向控制模块，转向控制模块处理这些信号并根据自身车辆的速度以及其他信号进行传动比的计算，给出所需的前轮转角，然后控制转向执行模块的转

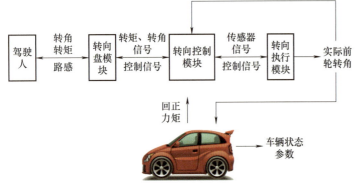

图5-1-4　汽车线控转向系统的工作原理图

向电动机带动前轮转到目标转角,实现转向意图。与此同时,转向控制模块根据车辆的前轮转角信号、一系列轮胎力信号以及驾驶人意图,通过路感模拟决策发出指令,控制转矩反馈电动机的输出力矩,用以反馈路面情况。

汽车线控转向系统的结构图与实物图如图 5-1-5 所示,其主要由转向盘模块、转向控制模块以及转向执行模块组成。

线控转向系统采用 ECU 实现对汽车转向的控制,理论上可以自由设计转向系统的角传递特性和力传递特性,具有传统转向系统不可比拟的性能优点。

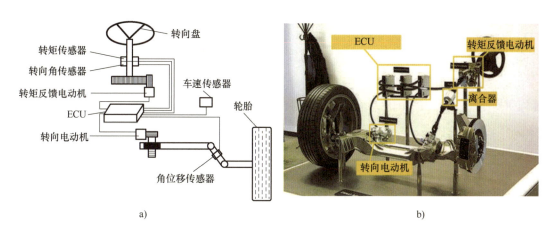

图 5-1-5 汽车线控转向系统的结构图与实物图
a)结构图 b)实物图

1. 能够改善路感

应用汽车线控转向控制技术,能够消除路面不平对方向造成的影响,驾驶人可根据需求来自由设计,满足了个性化的驾驶需求。

2. 有助于底盘的集成控制

借助车载总线,能够实现电动助力转向系统、防抱死制动系统(ABS)、直接横摆力矩控制(DYC)等系统的集成,实现信息的共享利用,提高汽车的整体性能。

3. 提高了操控性能

汽车线控转向摆脱了机械连接,让汽车在低速行驶时,有更好的灵敏度,高速行驶时,转向更为平稳,减少驾驶人的体力消耗。

4. 节省空间

由于原本转向系统中的转向轴和转向管等机械部分被取消,增加了驾驶人的活动空间,并方便了车内布置的设计。

5. 提高了被动安全性

因为机械组件的减少,降低了转向系统强度,使其在碰撞中更易变形,在汽车发生事故时,减少了转向系统对驾驶人的伤害。

6. 提高转向效率,降低能源消耗

线控转向不依赖于机械传递,缩短了响应时间,转向效率提高。同时,机械传动减少,传动效率提高,整车质量减小,降低了燃油消耗,更加节能环保。

进行决策

1)各组派代表阐述资料查询结果。

2）各组就各自的查询结果进行交流，并分享技巧。

3）教师结合各组完成的情况进行点评，并选出最佳方案。

任务实施

一、准备工作

1）工具：钳形万用表表笔 1 个、耐磨手套 1 双、绝缘手套 1 双、新能源汽车电控助力转向系统训练台 1 台、一体化工量具 1 套、绝缘测试仪 1 台、量杯 1 个。

2）场地：检查实训场地和设备设施是否清洁及存在安全隐患，配电箱、排插是否符合用电需求，如不正常请向老师汇报并进行处理。

3）安全防护：禁止在车辆上电高压情况下检查与更换蓄电池模块，禁止在带电状态下触碰任何带安全警示标志的组件，禁止徒手触摸所有橙色的线束。

二、实训记录

1. 认识电动助力转向系统

电动助力转向系统的组件及完成情况见表 5-1-2。

表 5-1-2　电动助力转向系统的组件及完成情况

组　件	完成情况	组　件	完成情况
转矩传感器	□完成　□未完成	减速器和 ECU	□完成　□未完成
车速传感器	□完成　□未完成	转向轴	□完成　□未完成
助力电动机	□完成　□未完成	转向器	□完成　□未完成

2. 拆装电动助力转向管柱及万向节总成

拆装电动助力转向管柱及万向节总成步骤及完成情况见表 5-1-3。

表 5-1-3　拆装电动助力转向管柱及万向节总成步骤及完成情况

序号	步　骤	图　示	完成情况	备注记录
1	车辆下电，断开辅助蓄电池负极，并使用绝缘胶带包裹辅助蓄电池负极		□完成 □未完成	
2	拆卸辅助蓄电池的紧固螺栓，并取下辅助蓄电池		□完成 □未完成	

序号	步骤	图示	完成情况	备注记录
3	拆卸动力蓄电池加热器总成紧固螺栓		□完成 □未完成	
4	佩戴绝缘手套，拆卸充配电总成的高压插头	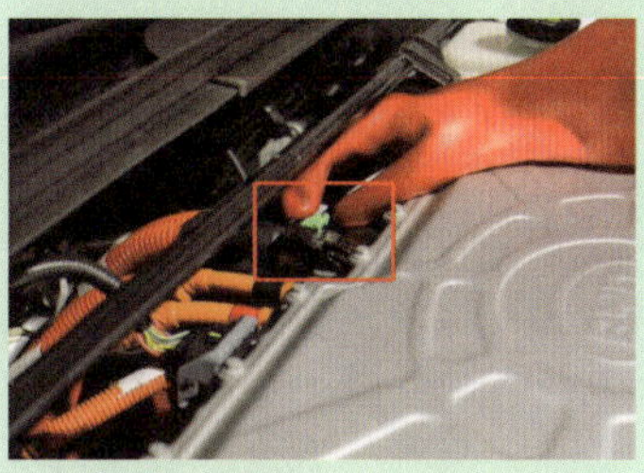	□完成 □未完成	
5	佩戴绝缘手套，使用万用表测量充配电总成高压插头的电压为0V，并使用绝缘胶带包裹高压插头	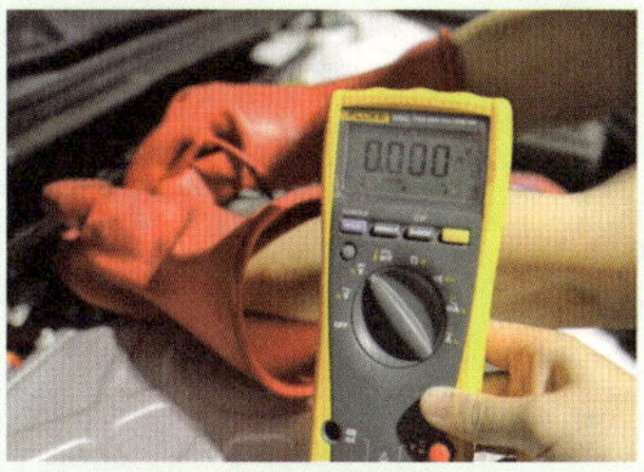	□完成 □未完成	
6	拧下空调制冷剂管道的高压防护盖和低压防护盖	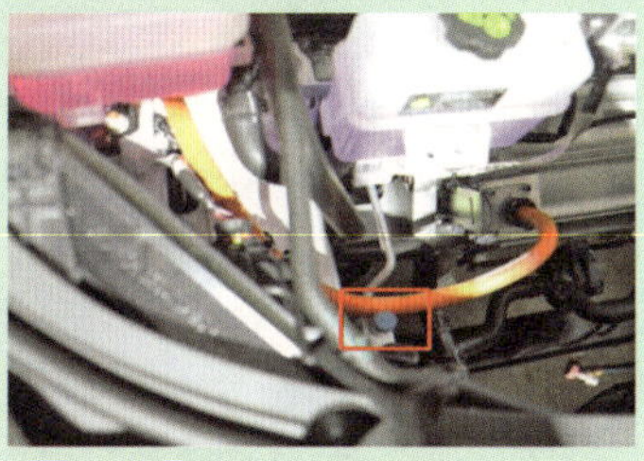	□完成 □未完成	
7	把空调制冷剂回收机的高压插头和低压插头分别插入空调制冷管道的高压口和低压口		□完成 □未完成	
8	顶出空调制冷管道的高压顶针和低压顶针	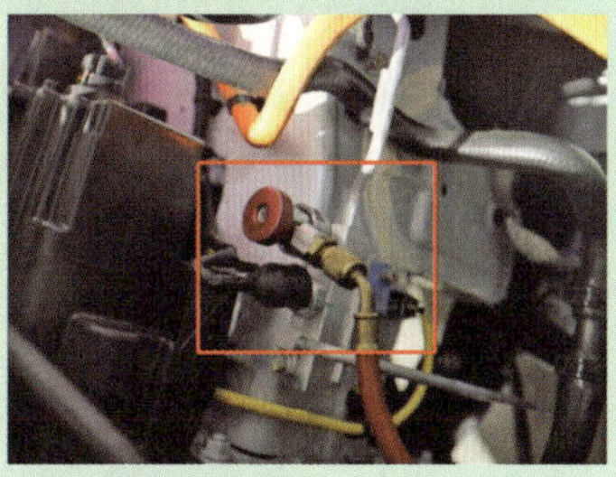	□完成 □未完成	

（续）

序号	步骤	图示	完成情况	备注记录
9	使用干净量杯用于回收制冷剂，松开空调制冷剂回收机的高压压力表和低压压力表的按钮，查看空调制冷剂回收机的高压压力表和低压压力表的变化，可看到压力表中的压力在缓慢下降	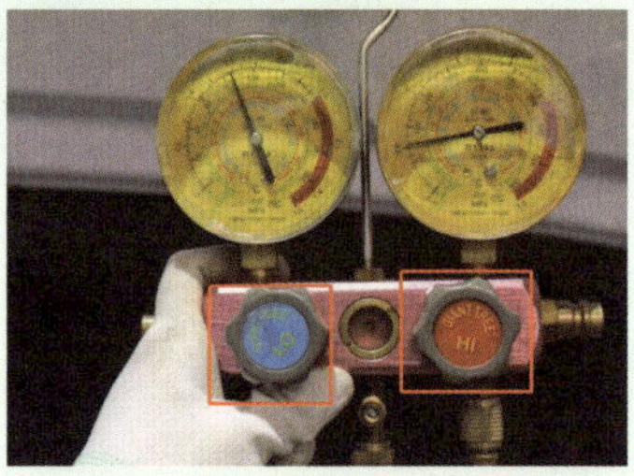	□完成 □未完成	
10	待制冷剂排放一段时间后，查看空调制冷剂回收机的高压压力表和低压压力表的变化，可看到压力表中的压力均接近 0MPa	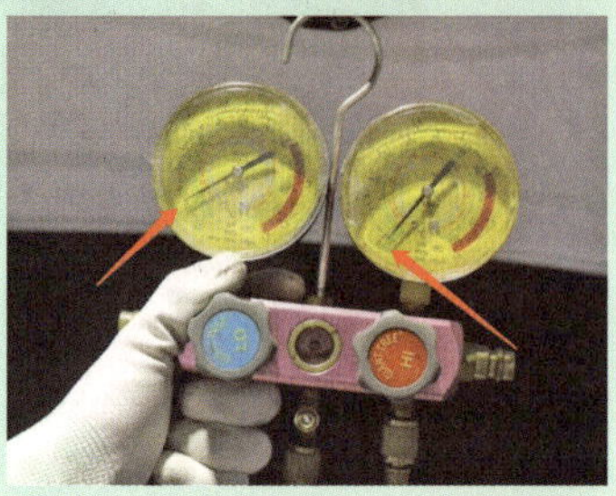	□完成 □未完成	
11	拆卸电动压缩机的低压插接头	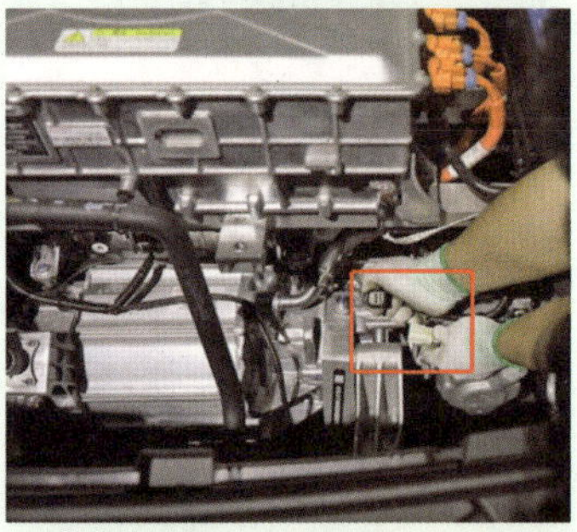	□完成 □未完成	
12	佩戴绝缘手套，拔下电动压缩机的高压插接头，并使用绝缘胶带包裹高压插接头。 注意：先拔下高压插接头的一级互锁，再拔下高压插接头的二级互锁		□完成 □未完成	
13	使用棘轮扳手加 12 号套筒拆卸电动压缩机的紧固螺栓	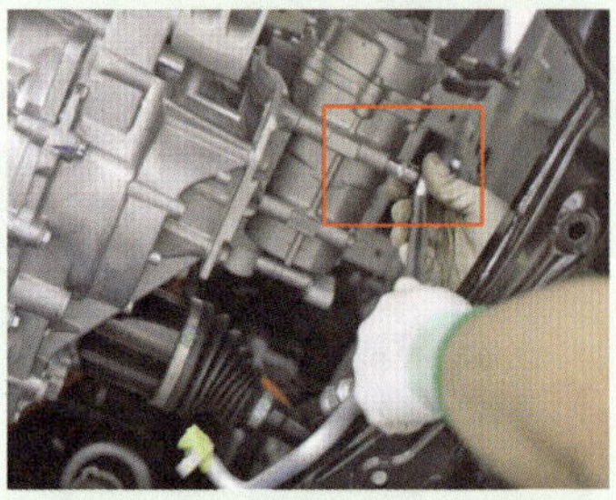	□完成 □未完成	
14	取下电动压缩机	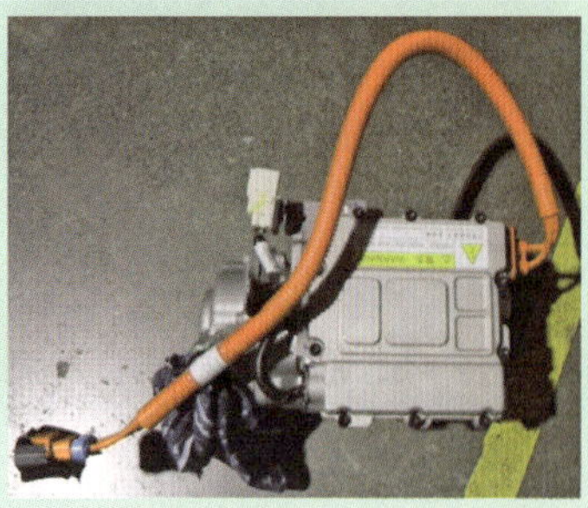	□完成 □未完成	

(续)

序号	步骤	图示	完成情况	备注记录
15	使用管束夹钳拆卸动力蓄电池冷却液水壶出水口水管卡箍	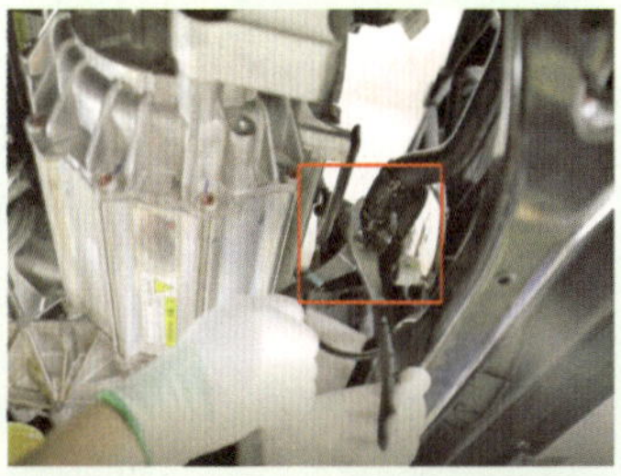	□完成 □未完成	
16	使用量杯装动力蓄电池冷却液，并使用水管堵头和管道管塞堵住动力蓄电池冷却液水壶出水口水管	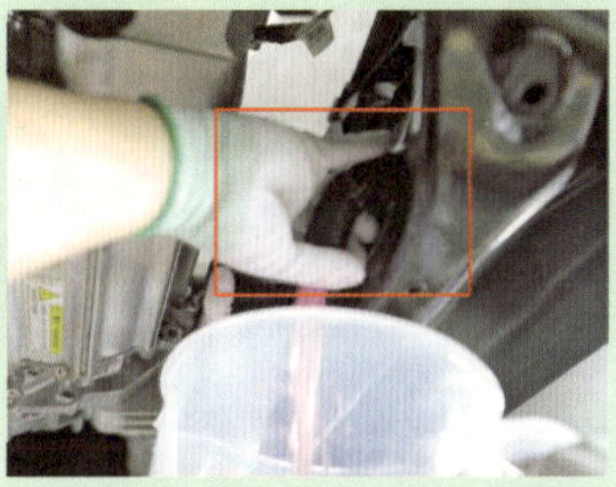	□完成 □未完成	
17	使用管束夹钳或者鲤鱼钳夹松（松动或取下）充配电系统冷却液出水口水管卡箍		□完成 □未完成	
18	拔下冷却液出水口水管，同时使用量杯接充配电系统出水口的冷却液	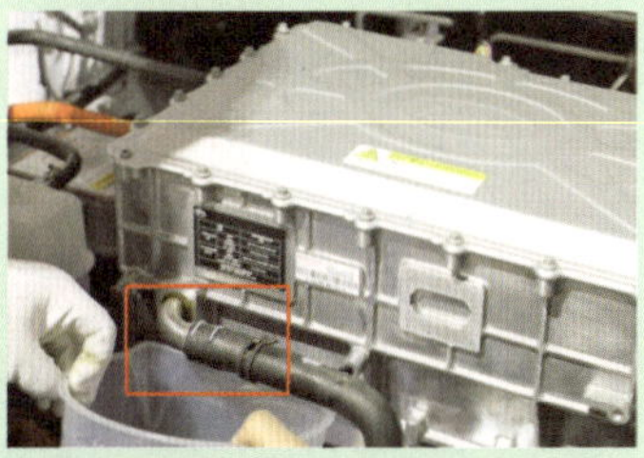	□完成 □未完成	
19	等待冷却液基本排完，使用水管堵头堵住冷却液出水口的水管，并使用水管堵头和管道管塞堵住充配电系统出水口水管 注意：若充配电系统出水口周围有散出的冷却液，则使用抹布擦拭	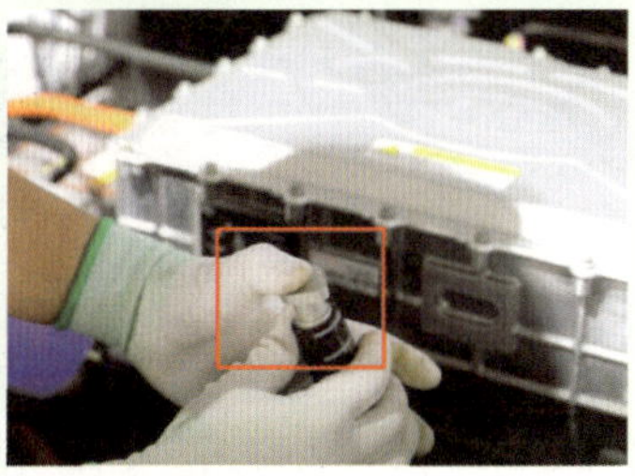 	□完成 □未完成	

(续)

序号	步骤	图示	完成情况	备注记录
20	使用管束夹钳或者鲤鱼钳夹松并拆卸充配电总成的进水口水管卡箍，拔下冷却液进水口水管，同时使用量杯接充配电系统进水口的冷却液	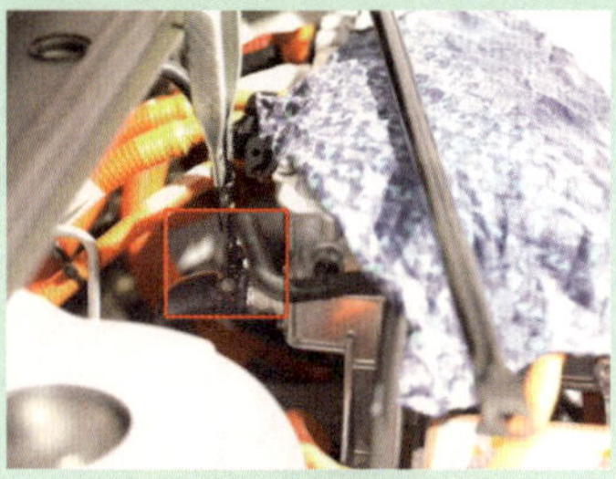	□完成 □未完成	
21	等待冷却液基本排完，使用水管堵头堵住冷却液进水口的水管。 注意：若充配电系统出水口周围有散出的冷却液，则使用抹布擦拭	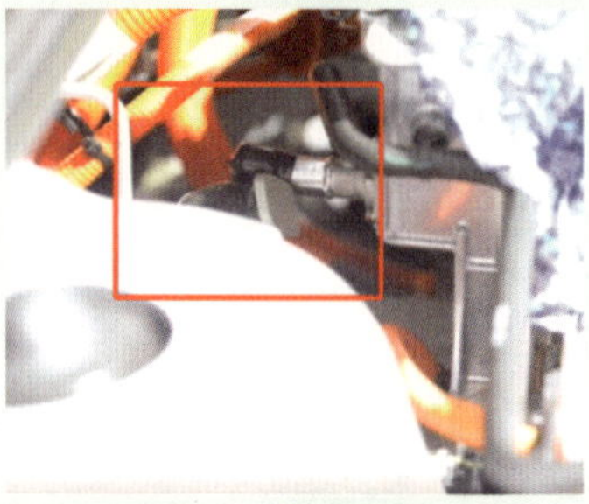	□完成 □未完成	
22	使用扭力扳手加大接杆套筒松开并拆卸制动液横向支架左右两颗紧固螺栓		□完成 □未完成	
23	佩戴绝缘手套，拔下充配电总成的动力蓄电池加热器总成高压插接头	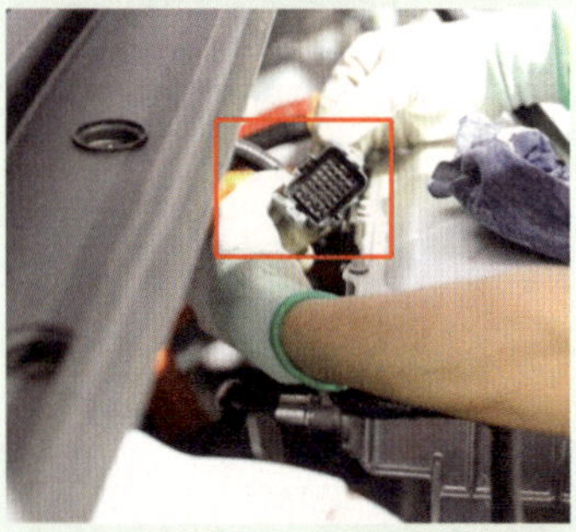	□完成 □未完成	
24	拆卸充配电总成电动压缩机高压插接头，并使用绝缘胶带包裹电动压缩机高压插接头，作用是防尘、防异物、防静电	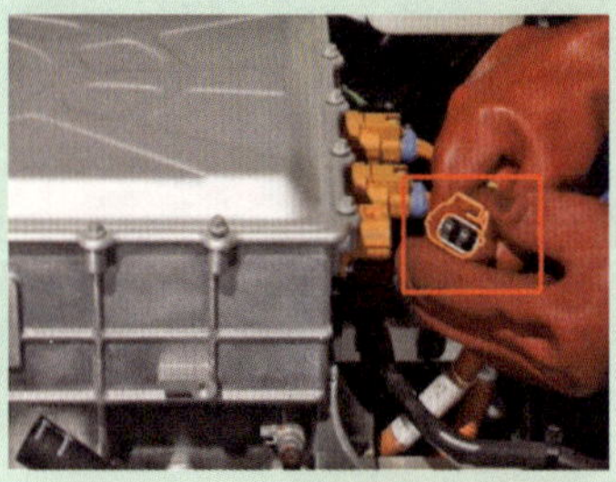	□完成 □未完成	
25	拆卸充配电总成动力蓄电池加热PTC高压插接头，并使用绝缘胶带包裹动力蓄电池加热PTC高压插接头，作用是防尘、防异物、防静电		□完成 □未完成	

项目五 底盘系统构造与拆装

（续）

序号	步骤	图示	完成情况	备注记录
26	拆卸充配电总成空调加热PTC高压插接头，并使用绝缘胶带包裹空调加热PTC高压插接头，作用是防尘、防异物、防静电	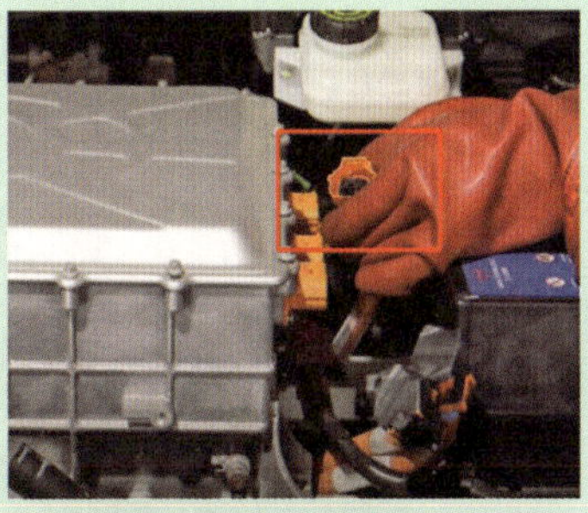	□完成 □未完成	
27	使用棘轮扳手加长接杆7号套筒拆下充配电总成21颗紧固螺栓		□完成 □未完成	
28	使用棘轮扳手加长接杆7号套筒拆下充配电总成的两颗防盗螺栓	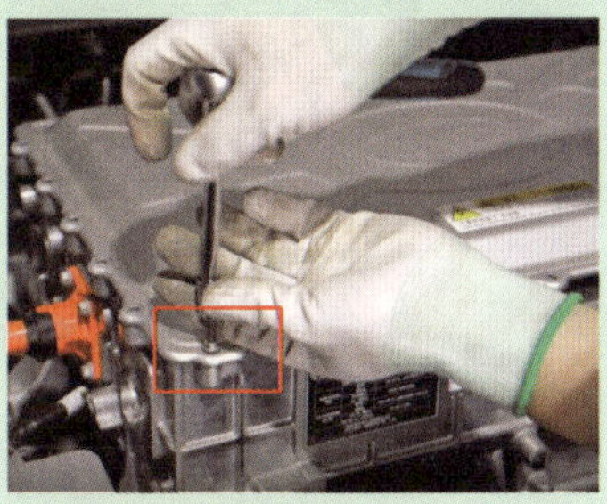	□完成 □未完成	
29	取下充配电总成防护盖板		□完成 □未完成	
30	使用万用表测量电机控制器正负极的电压，测量值约为0V，正常	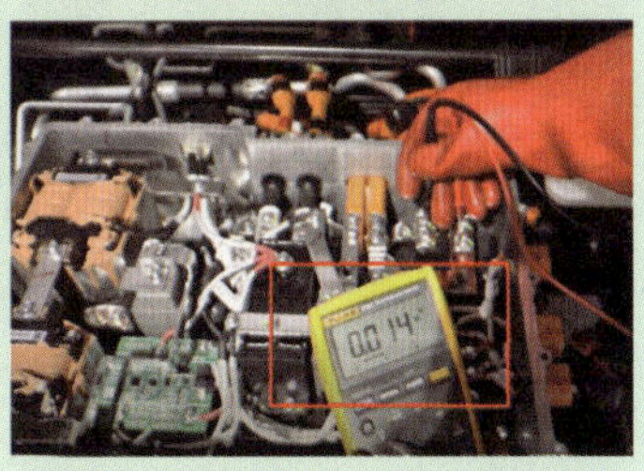	□完成 □未完成	
31	使用绝缘棘轮扳手拆下电机控制器高压母线紧固螺栓		□完成 □未完成	

(续)

序号	步　骤	图　示	完成情况	备注记录
32	拔下电机控制器高压母线的正负极插接头，并使用绝缘胶带对其进行包扎，作用是防尘、防异物、防静电		□完成 □未完成	
33	使用绝缘扳手加长接杆8号套筒拆下直流充电高压母线正负极插接头螺栓		□完成 □未完成	
34	拔下直流充电高压母线正负极插接头，并使用绝缘胶带对其进行包扎，作用是防尘、防异物、防静电		□完成 □未完成	
35	使用绝缘扳手加长接杆8号套筒拆下DC/DC变换器单根升压母线插接头两颗螺栓		□完成 □未完成	
36	拔下DC/DC变换器单根升压母线插接头，并使用绝缘胶带对其进行包扎，作用是防尘、防异物、防静电		□完成 □未完成	
37	使用螺钉旋具拆下交流充电高压母线插接头，使用绝缘手套拆下电机控制器高压母线电流输出正负极插接头		□完成 □未完成	

（续）

序号	步　骤	图　示	完成情况	备注记录
38	使用棘轮扳手拆下充配电总成中DC/DC变换器给辅助蓄电池充电的插接头		□完成 □未完成	
39	使用棘轮扳手拆下充配电总成接地线螺栓，拔下充配电总成接地线		□完成 □未完成	
40	使用棘轮扳手拆下充配电总成横向支架的四颗紧固螺栓		□完成 □未完成	
41	取下充配电总成		□完成 □未完成	
42	使用管束夹钳拆卸动力蓄电池加热器总成进水口水管卡箍		□完成 □未完成	

(续)

序号	步骤	图示	完成情况	备注记录
43	使用管束夹钳拆卸动力蓄电池加热器总成出水口水管卡箍		□完成 □未完成	
44	使用棘轮扳手加长接杆13号套筒拆卸前舱充配电总成固定支架螺栓，取下前舱充配电总成固定支架		□完成 □未完成	
45	使用钳子拆卸电机卡扣		□完成 □未完成	
46	拔下电机控制器低压插接头	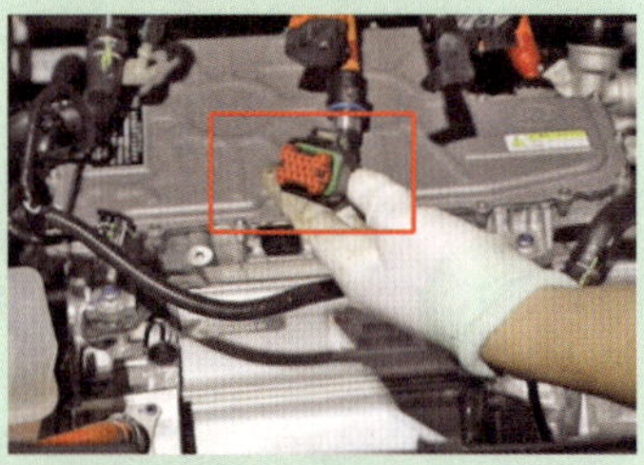	□完成 □未完成	
47	拔下电动压缩机的低压插接头		□完成 □未完成	
48	使用棘轮扳手拆卸电机控制器两颗搭铁线螺栓，取下电机控制器两根搭铁线		□完成 □未完成	

（续）

序号	步　骤	图　示	完成情况	备注记录
49	使用棘轮扳手拆卸永磁同步电机进水口水管卡箍		□完成 □未完成	
50	拆卸永磁同步电机两颗搭铁线螺栓，取下永磁同步电机两根搭铁线		□完成 □未完成	
51	使用棘轮扳手加长接杆拆卸电动压缩机固定螺栓		□完成 □未完成	
52	拔下电动压缩机高压出水口水管		□完成 □未完成	
53	使用堵头堵住电动压缩机高压出水口水管		□完成 □未完成	

（续）

序号	步骤	图示	完成情况	备注记录
54	拔下电动压缩机低压进水口水管	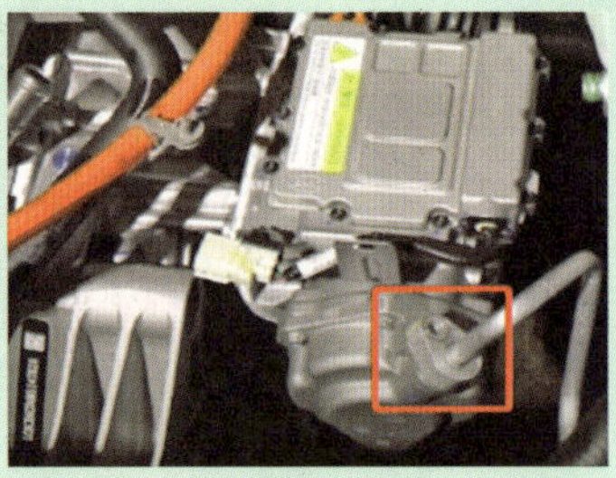	□完成 □未完成	
55	使用水管堵头堵住电动压缩机低压进水口水管	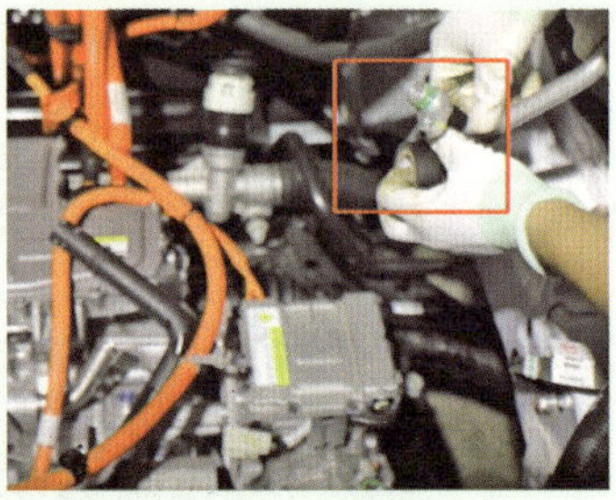	□完成 □未完成	
56	拆卸加速踏板的紧固螺栓	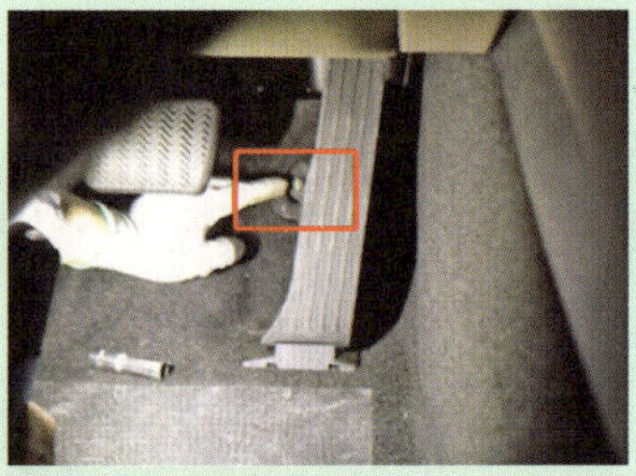	□完成 □未完成	
57	拆卸汽车转向器（方向机）与转向盘的连接紧固螺栓	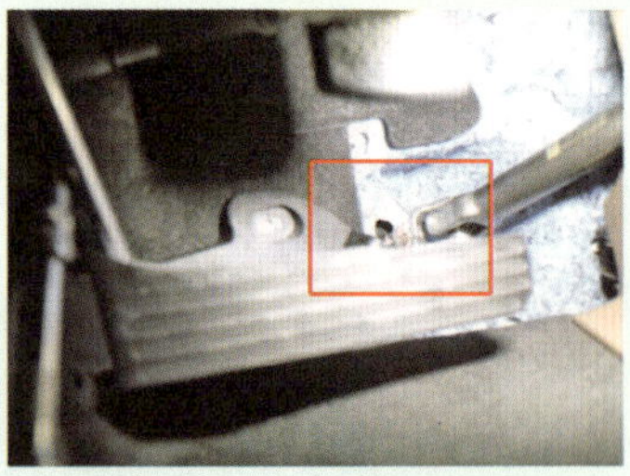	□完成 □未完成	
58	使用21号套筒松开轮胎四个紧固螺栓，使用气动扳手拆卸每个轮胎四个紧固螺栓，取下轮胎	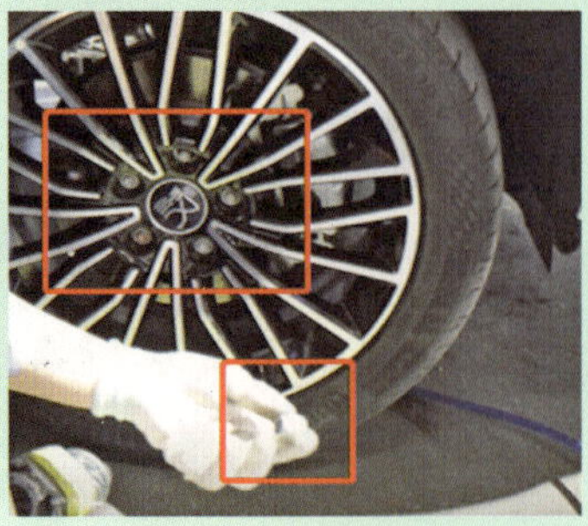	□完成 □未完成	

项目五 底盘系统构造与拆装

（续）

序号	步骤	图示	完成情况	备注记录
59	拔下轮胎制动油管，使用量杯接轮胎制动油	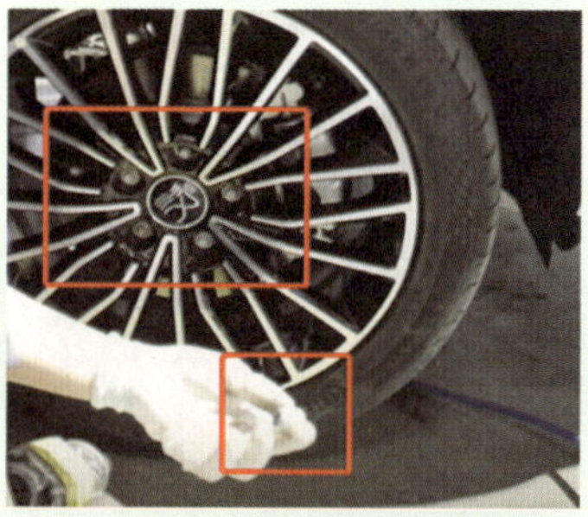	□完成 □未完成	
60	使用梅花扳手拆卸车轮制动卡钳的固定螺母和油管卡扣		□完成 □未完成	
61	拔下制动油插头	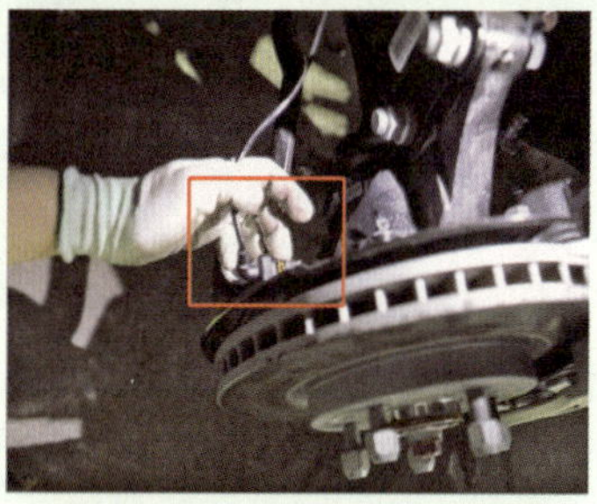	□完成 □未完成	
62	使用气动扳手拆卸前驱动总成上摆臂四颗紧固螺栓和下摆臂四颗紧固螺栓	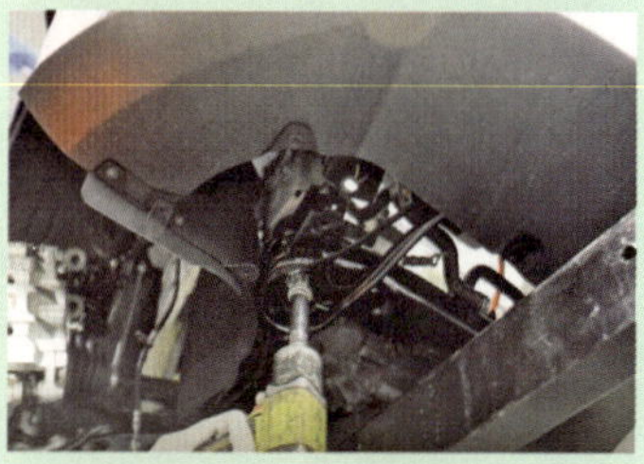	□完成 □未完成	
63	拆卸前桥与车身的紧固螺栓	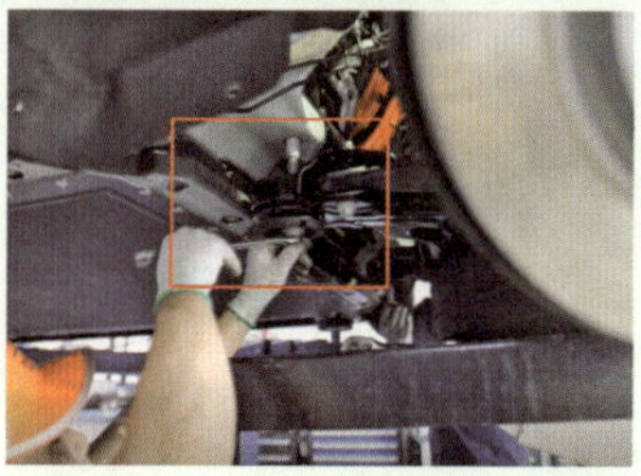	□完成 □未完成	
64	拆卸电动助力转向管柱及万向节总成的紧固螺栓，取下电动助力转向管柱及万向节总成		□完成 □未完成	

(续)

序号	步　骤	图　示	完成情况	备注记录
65	拆卸汽车稳定杆的两颗紧固螺栓		□完成 □未完成	
66	拆卸汽车左右两端的拉杆与转向节的紧固螺栓		□完成 □未完成	
67	拆卸汽车转向器（方向机）的紧固螺栓，取下汽车转向器（方向机）		□完成 □未完成	
68	拆卸汽车转向器（方向机）与转向盘传动轴的紧固螺栓		□完成 □未完成	
69	拆卸汽车转向器（方向机）助力电动机与转向盘的紧固螺栓，分离汽车转向器（方向机）助力电动机与转向盘		□完成 □未完成	
70	按照相反步骤安装电动助力转向管柱及万向节总成	—	□完成 □未完成	

评价反馈

1）各组代表展示汇报 PPT，介绍任务的完成过程。

2）以小组为单位，请对各组的操作过程与操作结果进行自评和互评，并将结果填入表 5-1-4。

转向系统标定与测试

项目五　底盘系统构造与拆装

表 5-1-4　学生评价表

姓名		学号			班级				组别			
实训任务												
评价项目	分值	等级				评价对象（组别）						
		A	B	C	D	1	2	3	4	5	6	7	8
方案合理	20	20	15	10	5								
团队合作	20	20	15	10	5								
工作质量	20	20	15	10	5								
工作规范	20	20	15	10	5								
汇报展示	20	20	15	10	5								
合计	100	各组得分											
总结与反思													

（如：学习过程中遇到什么问题→如何解决的 / 解决不了的原因→心得体会）

3）教师对学生工作过程与工作结果进行评价，并将评价结果填入表 5-1-5。

表 5-1-5　教师对学生评价表

姓名			学号		班级		组别	
实训任务								
	评价项目			评价标准			分值	得分
	考勤（10%）			无故意迟到、早退和旷课的现象			10	
工作过程（60%）	知识目标	获取信息		掌握工作相关知识			10	
		进行决策		制订工作方案，方案合理可行			10	
	技能目标	任务实施		拆卸电动助力转向管柱及万向节总成			10	
				安装电动助力转向管柱及万向节总成			10	
	素养目标	工作态度		认真严谨、积极主动、安全生产、文明施工			5	
		团队合作		与小组成员、同学之间合作交流，协调工作			5	
		工作质量		能按照工作方案操作，按计划完成工作任务			10	

(续)

评价项目		评价标准	分值	得分
项目成果 （30%）	工作完整	能按时完成工作任务的所有环节	10	
	工作规范	能在整个操作过程中规范操作，避免意外事故的发生	10	
	汇报展示	能准确表达、汇报工作成果	10	
合计			100	
综合评价	学生评价（50%）	教师评价（50%）	综合得分	
综合评语	（作业过程中存在的问题及改进建议）			

任务二　制动系统的构造与拆装

任务目标

知识目标
1. 了解汽车制动系统的发展历程。
2. 了解汽车制动系统的基本知识。

技能目标
1. 能准确说出汽车制动系统的组成与工作原理。
2. 能熟练分析 EHB 的基本结构和工作原理。

素养目标
1. 获得分析问题和解决问题的基本方法。
2. 尝试多元化思考解决问题的方法，形成创新意识。
3. 养成定期反思与总结的习惯，改进不足，精益求精。
4. 与小组成员交流、讨论学习成果，取长补短，完成自我提升。

📋 任务框图

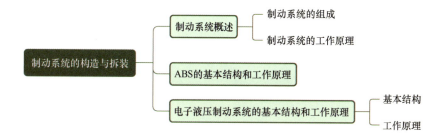

📥 任务导入

自 1886 年汽车诞生之日起，汽车制动系统在其安全方面就扮演着至关重要的角色。随着科技水平的发展，汽车制动系统也在不断迭代，作为品牌的技术培训师，如何向 4S 店的维修技师讲解几种常见的汽车制动系统的结构呢？

👥 任务分组

学生任务分配表见表 5-2-1。

表 5-2-1　学生任务分配表

（就组织讨论、工具准备、数据采集、数据记录、安全监督、成果展示等工作内容进行任务分工）

🔍 获取信息

❓ **引导问题** 1：请查阅相关资料，简述制动系统的工作原理。

_____

_____

> 在2019年中国技能大赛—全国新能源汽车关键技术技能大赛的机动车检测工（新能源汽车智能化技术）赛项中，就涉及对汽车线控转向技术、线控制动技术、线控驱动技术等基本原理的考查。

知识点提示

制动系统概述

一、制动系统的组成

汽车上设置有彼此独立的制动系统，它们起作用的时刻不同，但它们的组成却是相似的，一般由以下四部分组成：

（1）**供能装置** 供能装置包括供给、调节制动所需能量以及改善传能介质状态的各种组件，如气压制动系统中的空气压缩机、液压制动时踩制动踏板的人体。

（2）**控制装置** 控制装置包括产生制动动作和控制制动效果的各种组件，如制动踏板等。

（3）**传动装置** 传动装置是将驾驶人或其他动力源的作用力传到制动器，同时控制制动器的工作，从而获得所需的制动力矩，包括将制动能量传输到制动器的各个组件，如制动主缸、制动轮缸等。

（4）**制动器** 制动器是指产生阻碍车辆运动或运动趋势的力的组件。汽车上常用的都是利用固定元件与旋转元件工作表面的摩擦而产生制动力矩的制动器，称为摩擦制动器。摩擦制动器可分为鼓式制动器和盘式制动器，鼓式制动器摩擦副为旋转的制动鼓和固定不动的制动蹄（或制动带）。盘式制动器摩擦副为旋转的制动盘和固定不动的制动钳。较为完善的制动系统还包括制动力调节装置以及报警装置、压力保护装置等。

二、制动系统的工作原理

制动系统的组成及工作原理图如图5-2-1所示。

车轮制动器的旋转部分是制动鼓，它固定在轮毂上，与车轮一起旋转。固定部分是制动蹄和制动底板等。制动蹄上铆有摩擦片，其下端套在支承销上，上端用制动蹄回位弹簧拉紧压靠在制动轮缸的活塞上。支承销和轮缸都固定在制动底板上，制动底板用螺钉与转向节凸缘（前桥）或桥壳凸缘（后桥）固定在一起。制动蹄靠液压轮缸作用而张开。

不制动时，制动鼓的内圆柱面与摩擦片之间保留一定间隙，制动鼓可

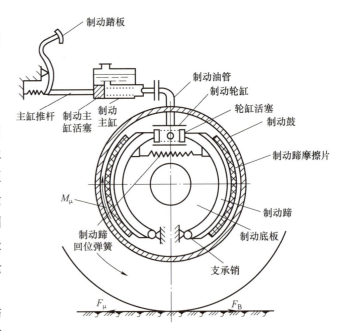

图 5-2-1 制动系统的组成及工作原理图

以随车轮一起旋转。制动时,驾驶人踩下制动踏板,主缸推杆便推动制动主缸内的活塞前移,迫使制动液经管路进入制动轮缸,推动轮缸的活塞向外移动,使制动蹄克服回位弹簧的拉力绕支承销转动而张开,消除制动蹄与制动鼓之间的间隙后压紧在制动鼓上。此时,不旋转的制动蹄摩擦片对旋转的制动鼓产生一个摩擦力矩,其方向与车轮的旋转方向相反。制动鼓将此力矩传到车轮后,由于车轮与路面的附着作用,车轮即对路面作用一个向前的圆周力,与此相反,路面会给车轮一个向后的反作用力,这个力就是车轮受到的制动力。各车轮制动力的总和就是汽车受到的总的制动力。

 引导问题 2:请查阅相关资料,简述 ABS 的基本结构。

 知识点提示

ABS的基本结构和工作原理

ABS 通常由车速传感器、制动压力调节器、ECU 和 ABS 警示装置等组成。

如图 5-2-2 所示,每个车轮上都安置了一个车速传感器,它们将各车轮的转速信号及时地输入 ECU;ECU 是 ABS 的控制中心,它根据各个车速传感器输入的信号对各个车轮的运动状态进行监测和判定,并形成响应的控制指令,再适时发出控制指令给制动压力调节器;制动压力调节器是 ABS 中的执行器,它是由调压电磁阀总成、电动泵总成和储液器等组成的一个独立整体,并通过制动管路与制动主缸和各制动轮缸相连,制动压力调节器受 ECU 的控制,对各制动轮缸的制动压力进行调节;ABS 警示装置包括仪表板上的制动警告灯和 ABS 警告灯,制动警告灯为红色,通常用"BRAKE"做标识,由制动液面开关、驻车制动开关及制动液压力开关并联控制,ABS 警告灯为黄色,由 ABS ECU 控制,通常用"ABS"或"ANTI-LOCK"做标识。ABS 具有失效保护和自诊断功能,当 ECU 监测到系统出现故障时,将自动关闭 ABS,仅保留常规制动系统,同时存储故障信息,并将 ABS 警告灯点亮,提示驾驶人尽快进行修理。

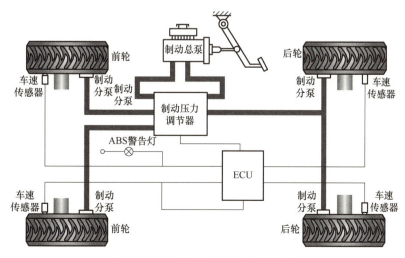

图 5-2-2　电子控制 ABS 的基本结构

> 引导问题 3：请查阅相关资料，简述电子液压制动系统的基本结构。
>
> _____
>
> _____

知识点提示

电子液压制动系统的基本结构和工作原理

一、基本结构

电子液压制动系统（Electro-Hydraulic Brake，EHB）一般采用高压储液罐作为供能装置，其压力由电动液压泵产生，必要时可以实施主动制动。制动时将高压储液罐的制动液导入主缸推动其活塞或直接输送给轮缸，依靠控制装置调节轮缸的制动压力。采用制动踏板模拟器为驾驶人提供制动踏板的感觉，且具有人力备份制动的功能。当 EHB 失效时，使用备用的人力液压制动系统。EHB 最主要的特点是采用电动助力装置替代了传统机械制动系统的真空助力装置，这样减轻了机械结构的重量，使汽车的制动系统具有重量轻、体积小、响应快、制动效果明显提高等优点。

比较典型的 EHB 有博世公司研发的机电伺服制动助力器系统（iBooster），2016 年推出 iBooster 第二代产品整体结构图及剖面图如图 5-2-3 所示，其主要由 ECU、输入推杆、永磁同步电机（PMSM）、减速机构、耦合装置、回位弹簧、助力阀体、制动主缸总成及位移差传感器组成。

iBooster 减速机构主要由三级齿轮传动组组成：第一级齿轮传动组由永磁同步电机齿轮及双齿轮中的大齿轮组成；第二级齿轮传动组由双齿轮中的小齿轮及轮毂齿轮组成，前两级齿轮传动组力矩传输方向都没有发生变化；第三级为滑动丝杠螺母组，由主轴螺母及螺杆轴组成，滑动丝杠螺母组结构简单、紧凑，降速比大，具有自锁的功能，运动平稳，且能够保证和提高传动精度，此时力矩的方向发生变化，由径向的旋转运动变为轴向的平动。

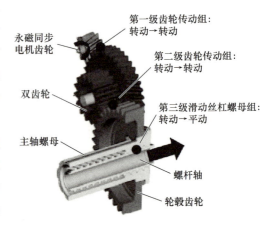

图 5-2-3 iBooster 减速机构

iBooster 耦合装置如图 5-2-4 所示，其主要由输入推杆、螺杆固定轴、橡胶反馈盘、阀体及阀体底座组成。在耦合装置中，阀体和橡胶反馈盘是最为关键的零部件，其实物图如图 5-2-5 所示。当永磁同步电机的伺服力经由减速机构传递到螺杆固定轴后，主轴螺母由于具有锁止机构不能向前移动只能转动，螺杆轴及螺杆固定轴向前移动，阀体座也向前移动，并与阀体的 B 面接触，伺服力就通过助力阀体作用于橡胶反馈盘的

图 5-2-4 iBooster 耦合装置

副面（外环面），而与制动踏板连接的输入推杆力直接作用于橡胶反馈盘的主面（内圆面）。橡胶反馈盘具有体积不可压缩的特性，伺服力和踏板输入力通过橡胶反馈盘耦合在一起推动主缸活塞产生液压力。伺服力矩能够满足对不同助力比的调整需求。

图 5-2-5　阀体和橡胶反馈盘实物图
a）阀体前面　b）阀体后面　c）反馈盘前面　d）反馈盘后面

二、工作原理

iBooster 在常规制动时，驾驶人踩下制动踏板，助力器通过集成的位移差传感器检测到驾驶人的制动需求，将此信息传输到控制器中，控制器计算出控制信号并作用在永磁同步电机上，通过减速机构传输转矩，并与驾驶人提供的脚踏板力通过耦合装置一起推动主缸推杆产生制动液压力，制动主缸、储液罐与传统制动系统所用保持一致，液压调节单元使用 ESP（车身电子稳定系统）的组件。iBooster 除了可以实现常规制动功能，还可以实现主动制动和失效备份两种功能，如图 5-2-6 所示。

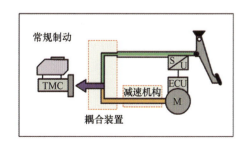
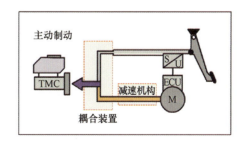
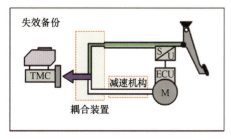
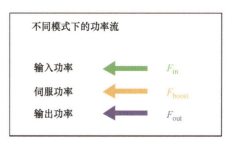

图 5-2-6　iBooster 制动功能示意图

（1）主动制动　紧急情况下，在没有驾驶人的参与下，根据上层控制器的要求自动建立制动液压。实现全制动液压的时间要比传统制动系统快三倍，从而明显地缩短制动距离，避免交通事故，或者在不可避免发生事故的情况下，减慢碰撞速度，从而降低人员伤亡的风险。

（2）失效备份　iBooster 采用了双安全失效模式。第一道安全失效模式将两种故障情况考虑在内。如果车载电源不能满负载运行，那么 iBooster 则以节能模式工作，以避免给车辆电气系统增加不必要的负荷，同时防止车载电源发生故障。万一 iBooster 发生故障，ESP hev 单元会接管并提供制动助力。在上述两种情况下，制动系统均可在 200N 的踏板力作用下提供 0.4g 的减速度，在更大踏板力乃至完全减速时同样如此。在第二道安全失效模式，如果车载电源失效，即断电模式下，则可通过机械推动力方式作为备用，驾驶人可以通过无制动助力的纯液压模式对所有四个车轮施加车轮制动，使车辆安全停车。

iBooster 完善了博世模块化制动系统组合，使相应的制动系统能够根据所有车辆配置和客户要求进行量身定制。无论车辆大小和驱动技术如何，也不管车辆配备辅助功能的程度如何，都可选择标准的 ESP 与其组合（混合动力或新能源汽车可与 ESP hev 组合）提供最佳的成本优化解决方案。

进行决策

1）各组派代表阐述资料查询结果。
2）各组就各自的查询结果进行交流，并分享技巧。
3）教师结合各组完成的情况进行点评，并选出最佳方案。

任务实施

认真学习以上知识点，完成以下填空。

1）汽车上设置有彼此独立的制动系统，它们起作用的时刻不同，但它们的组成却是相似的，一般由_____、_____、_____和_____四部分组成。

2）传动装置是将驾驶人或其他动力源的作用力传到_____，同时控制制动器的工作，从而获得所需的_____，包括将制动能量传输到制动器的各个组件，如_____、制动轮缸等。

3）汽车上设置有彼此独立的制动系统，它们起作用的时刻不同，但它们的组成却是相似的，一般由_____、_____、_____、_____四部分组成。

4）ABS 通常由_____、_____、_____、_____组成，具有失效保护和自诊断功能。

5）电子液压制动系统（简称 EHB）一般采用_____作为供能装置，其压力由_____产生，必要时可以实施主动制动。

评价反馈

1）各组代表展示汇报 PPT，介绍任务的完成过程。
2）以小组为单位，请对各组的操作过程与操作结果进行自评和互评，并将结果填入表 5-2-2。

项目五　底盘系统构造与拆装

| 姓名 | | 班级 | | 日期 | |

表 5-2-2　学生评价表

姓名		学号				班级			组别			
实训任务												
评价项目	分值	等级				评价对象（组别）						
		A	B	C	D	1	2	3	4	5	6	7	8
方案合理	20	20	15	10	5								
团队合作	20	20	15	10	5								
工作质量	20	20	15	10	5								
工作规范	20	20	15	10	5								
汇报展示	20	20	15	10	5								
合计	100	各组得分											
总结与反思													

（如：学习过程中遇到什么问题→如何解决的/解决不了的原因→心得体会）

3）教师对学生工作过程与工作结果进行评价，并将评价结果填入表 5-2-3。

表 5-2-3　教师对学生评价表

姓名			学号		班级		组别	
实训任务								
评价项目				评价标准			分值	得分
考勤（10%）				无故意迟到、早退和旷课的现象			10	
工作过程（60%）	知识目标	获取信息		掌握工作相关知识			10	
		进行决策		制订工作方案，方案合理可行			10	
	技能目标	任务实施		能正确说出汽车制动系统的发展历程			5	
				掌握汽车制动系统的基本知识			5	
				能准确说出汽车制动系统的组成与工作原理			5	
				具备熟练分析 EHB 的基本结构和工作原理			5	
	素养目标	工作态度		认真严谨、积极主动、安全生产、文明施工			5	
		团队合作		与小组成员、同学之间合作交流，协调工作			5	
项目成果（30%）		工作质量		能按照工作方案操作，按计划完成工作任务			10	
		工作完整		能按时完成工作任务的所有环节			10	
		工作规范		能在整个操作过程中规范操作，避免意外事故的发生			10	
		汇报展示		能准确表达、汇报工作成果			10	
合计							100	
综合评价			学生评价（50%）		教师评价（50%）		综合得分	
综合评语			（作业过程中存在的问题及改进建议）					

任务三　悬架系统的构造与拆装

任务目标

知识目标
1. 了解悬架系统的作用。
2. 了解电磁式悬架系统的基本知识。

技能目标
1. 能准确说出悬架系统的构件。
2. 能准确说出"魔毯"式悬架系统的各个组成部分。

素养目标
1. 获得分析问题和解决问题的基本方法。
2. 尝试多元化思考解决问题的方法，形成创新意识。
3. 养成定期反思与总结的习惯，改进不足，精益求精。
4. 与小组成员交流、讨论学习成果，取长补短，完成自我提升。

任务框图

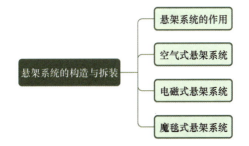

任务导入

悬架系统是连接车轮及车身的桥梁，是传递轮胎力的关键结构。作为汽车配置的重要总成之一，悬架系统能够提供良好的驾驶舒适性和操纵性。

随着科技水平的发展，汽车悬架系统也在不断迭代，作为品牌的技术培训师，如何向4S店的维修技师讲解几种常见的悬架系统的结构呢？

任务分组

学生任务分配表见表 5-3-1。

表 5-3-1 学生任务分配表

班级		组号		指导老师	
组长		学号			
组员	姓名：_____ 学号：_____ 姓名：_____ 学号：_____ 姓名：_____ 学号：_____ 姓名：_____ 学号：_____			姓名：_____ 学号：_____ 姓名：_____ 学号：_____ 姓名：_____ 学号：_____ 姓名：_____ 学号：_____	
任务分工					

（就组织讨论、工具准备、数据采集、数据记录、安全监督、成果展示等工作内容进行任务分工）

获取信息

汽车线控悬架系统的认知

> ❓ **引导问题 1**：请查阅相关资料，简述悬架系统的作用。
> _____
> _____

知识点提示

悬架系统的作用

悬架系统是车架与车轮之间一切传力装置的总称，是汽车上的一个重要总成，它将车身与车轮弹性地连接起来，两者保持恰当的几何关系。其主要任务是在车轮和车身之间传递所有的力和力矩，缓冲由路面不平传给车身的冲击载荷，衰减由此引起的承载系统的振动，隔离来自路面和轮胎输入的噪声，控制车轮运动轨迹。因此，悬架性能的优劣不仅决定了汽车乘坐舒适性（平顺性）和操纵稳定性，还关系着汽车的动力性发挥，平均技术速度的高低，特别还关系着承载系统和行驶系统的动载。

车辆运动及车辆乘坐舒适性和操纵稳定性由悬架性能决定。悬架抗俯仰性能决定了车身俯仰角运动响应和车辆纵向载荷转移率，悬架抗侧倾性能决定了车身侧倾角响应和车辆侧向稳定性。另外，悬架的垂向振动特性直接决定了车身的垂向跳动响应和乘坐舒适性，悬架侧倾角刚度及阻尼在前后车轴的分配，间接影响了车辆的乘坐舒适性。上述悬架的四个性能由悬架刚度和悬架阻尼特性共同决定，又分别对应汽车行驶中发生的四种运动模式：侧倾运动（Roll）、俯仰运动（Pitch）、垂向跳动（Bounce）和翘曲运动（Warp），这四种运动模式相互耦合影响，实现各种运动模式进行独立调节，同时兼备最佳乘坐舒适性和最优操纵稳定性。这些功能是采用传统被动悬架系统无法实现的。因此，针对车辆的运动模式，现代车辆越来越多地采用悬架弹簧刚度和悬架减振阻尼可调的主动悬架系统和半主动悬架系统。两者比较，主动悬架应用范围更广，分为空气式、电磁式以及魔毯式三种类型，后续重点了解这三类主动悬架系统。

引导问题2：请查阅相关资料，简述悬架系统各个构件的作用。

引导问题3：请查阅相关资料，简述空气式悬架系统的结构。

知识点提示

空气式悬架系统

空气式悬架系统通过改变各空气弹簧中压缩空气的压力和体积，来改变汽车减振系统的软硬和车身高度。

空气式悬架系统能够实现的功能有自动水平调节、设定不同的车辆高度、根据车速自动调节车身高度、设定不同的车辆减振阻尼。

为了实现以上提到的功能，空气悬架分成空气弹簧和空气阻尼控制阀两大组成部分。由于空气弹簧和空气阻尼控制阀可通过软管相连，因此它可以分成一体式布置和分离式布置两种布局，从而满足不同车型、不同空间的布置要求。比如，奥迪A6的前轮驱动车型采用分离式空气悬架的后悬架，而四轮驱动的A6车型则采用一体式空气悬架的后悬架，分别如图5-3-1和图5-3-2所示。

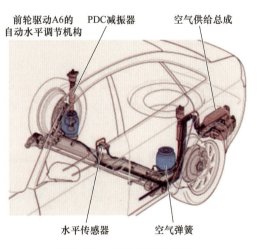

图5-3-1 分离式空气悬架

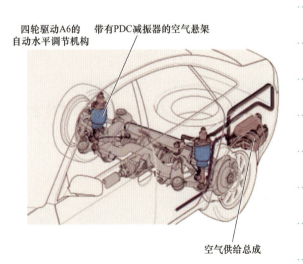

图5-3-2 一体式空气悬架

以奥迪 A6 后空气悬架为例，内部结构如图 5-3-3 所示，装有 PDC 减振器。这种减振器阻尼力的变化是通过一个单独的 PDC 阀来实现的。该阀集成在减振器内，它用一根软管与空气弹簧气室相连。空气弹簧的压力（该压力与载荷成比例）作为可调参数来控制 PDC 阀上的可变节流口，这影响了减振器内的液压油流动阻力，因而也影响了回弹和压缩时的阻尼力。

为了平衡空气弹簧中动态压力变化（压缩和回弹状态），PDC 阀的空气接口上装有一个节流阀。工作腔 1 通过一个小孔与 PDC 阀相连：当空气弹簧压力较小时（空载或很小的部分负荷），PDC 阀形成的液压油流动阻力小，使一部分减振液压油流过阻尼阀，于是阻尼力就减小；当空气弹簧压力较大时，PDC 阀形成的液压油流动阻力也大，于是阻尼力就增大了。PDC 阀的流动阻力与控制压力（空气弹簧压力）有固定的对应关系，阻尼力由相应的阻尼阀和 PDC 阀形成的流动阻力来决定，如图 5-3-4 和图 5-3-5 所示。

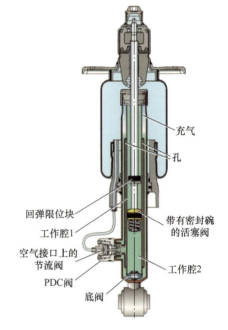

图 5-3-3　奥迪 A6 后空气悬架内部结构示意图

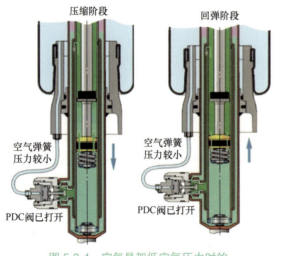

图 5-3-4　空气悬架低空气压力时的压缩回弹过程示意图

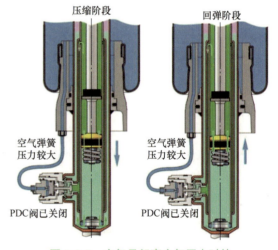

图 5-3-5　空气悬架高空气压力时的压缩回弹过程示意图

引导问题 4：请查阅相关资料，简述电磁式悬架系统的工作原理。

_____
_____

知识点提示

电磁式悬架系统

电磁式悬架系统不同于空气式，其仍使用弹簧提供支撑力，如图 5-3-6 所示。但减振筒内部则不是传统的液压油，而是磁流变液（Magneto Rheological Fluid）。磁流变液的特点就是可通过电控的磁场来灵活调节磁流变液的黏度，从而控制减振筒的阻尼，改变悬架的软硬。

磁流变液受磁场控制的特性形成了电磁式悬架最大的特点——响应迅速，使装备电磁式悬架的车型可灵活地在旅行、运动和赛道驾驶模式间进行切换。如凯迪拉克、法拉利、捷豹路虎和奥迪品牌的多款车型也因为其快速响应的特点选择了电磁式悬架，如图5-3-7和图5-3-8所示。

电磁式悬架的秘密主要都集中在减振筒中。位于前轴的减振筒虽然在细节上和后轴减振筒有细微差别，但是活塞中间都留有电控装置和相应的电缆，如图5-3-9所示。

图5-3-6　电磁式悬架可通过磁场控制减振筒的阻尼

图5-3-7　凯迪拉克XTS配备电磁式悬架系统

图5-3-8　配备电磁式悬架的奥迪TT主动悬架系统

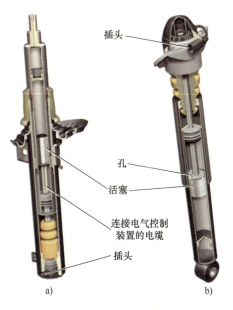

图5-3-9　电磁式悬架高空气压力时的压缩回弹过程示意图
a）前轴减振筒　b）后轴减振筒

磁流变液就是包含非常微小（3~10μm）的磁性颗粒的液体。其原始未磁化状态为自由游离态，此时黏度较低。当磁流变液流经活塞中的电控装置时，如果电控装置施加磁场，磁流变液中的磁性颗粒就会被磁化并规则排列，此时黏度就增加了，如图5-3-10所示。

电磁式悬架系统正是基于磁流变效应对减振筒的阻尼进行调节的，从而达到控制主动悬架响应的目的，如图5-3-11所示。

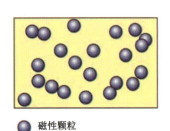
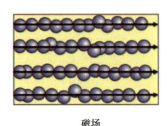
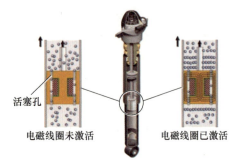

图 5-3-10　磁流变效应的工作原理图　　　　　图 5-3-11　电磁式悬架基于磁流变效应调整阻尼

> 引导问题 5：请查阅相关资料，简述魔毯式悬架系统的结构。
> _____
> _____

知识点提示

魔毯式悬架系统

以安装"魔毯"线控悬架系统（Magic Body Control）的 2014 款奔驰 S 级为例，该车的魔毯式悬架系统由多个传感器和执行器组成。传感器由内后视镜后方的前视双目立体摄像头、三轴加速度传感器和车身高度传感器构成。执行器由弹簧支撑杆、电子控制器和由液压管路、机油泵、冷却器、机油储槽及前控制阀、后控制阀组成的液压伺服系统构成，如图 5-3-12 所示。

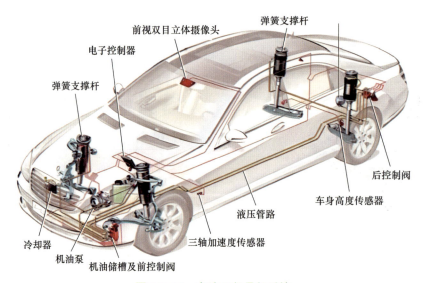

图 5-3-12　奔驰 S 级悬架系统

奔驰 S 级采用的双目立体摄像头有一定的距离探测能力，原理类似人类双眼感知位置的能力。通过立体摄像头对路面进行 3D 扫描，然后控制魔毯式悬架进行相应的响应。比如传统悬架过一个小坡时，前轮势必抬高车身。而魔毯式悬架系统通过立体摄像头感知路面高度上升而对应降低悬架，此时车身仍能保持很好的水平姿态，如图 5-3-13 所示。

图 5-3-13　奔驰 S 级的双目立体摄像头距离探测

液压伺服系统可由电子控制器控制快速地通过液压调节车身高度，具体工作原理是通过液压阀调节机油量和压力，从而当车轮遇到障碍上升时，快速抬高弹簧支撑杆中的活塞。此时，车身的垂直运动实际被大幅消减了，如图 5-3-14 所示。

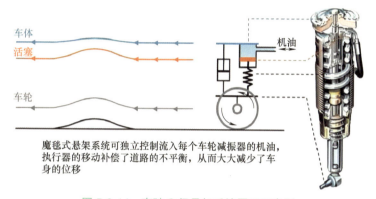

图 5-3-14　奔驰 S 级悬架系统原理示意图

综上所述，魔毯式悬架并没有像空气悬架那样通过空气压力调整弹簧支撑力和减振筒阻尼，也不像电磁式悬架和 CDC 液力悬架那样主要调节减振筒的特性。魔毯式悬架直接通过液压伺服系统快速调节弹簧支持杆上下运动。从而配合立体摄像头，让车身在各种路面上保持水平。

进行决策

1）各组派代表阐述资料查询结果。
2）各组就各自的查询结果进行交流，并分享技巧。
3）教师结合各组完成的情况进行点评，并选出最佳方案。

任务实施

认真学习以上知识点，了解本任务中的悬架系统构造，完成以下填空。

1）悬架系统的主要任务是在车轮和车身之间传递所有的力和_____，缓冲由路面不平传给车身的冲击载荷，衰减由此引起的_____系统的振动，隔离来自路面和轮胎输入的_____，控制车轮运动轨迹。

2）一个完整的悬架总成由三个部分组成：_____吸收来自路面的冲击，_____通过限制弹簧的振动来改善乘坐的舒适性，_____防止车辆横向摆动。

3）电磁式悬架系统不同于空气式，其仍使用_____提供支撑力。但减振筒内部则不是传统的液压油，而是_____。磁流变液的特点就是可通过电控的磁场来灵活调节_____的黏度，从而控制减振筒的阻尼，改变悬架的软硬。

4）2014 款奔驰 S 级的魔毯式悬架系统由多个_____和_____组成，传感器由内后视镜后方的前视_____立体摄像头、三轴_____传感器和车身高度传感器构成，执行器由弹簧支撑杆、_____控制器和由液压管路、机油泵、冷却器、机油储槽及控制阀组成的液压伺服机制构成。

5）液压伺服机制可由_____控制快速地通过液压调节车身高度，具体工作原理是通过液压阀调节机油量和_____，从而当车轮遇到障碍上升时，快速抬高弹簧支撑杆中的活塞。

评价反馈

1）各组代表展示汇报 PPT，介绍任务的完成过程。

2）以小组为单位，请对各组的操作过程与操作结果进行自评和互评，并将结果填入表 5-3-2。

表 5-3-2 学生评价表

姓名		学号				班级				组别			
实训任务													
评价项目	分值	等级				评价对象（组别）							
		A	B	C	D	1	2	3	4	5	6	7	8
方案合理	20	20	15	10	5								
团队合作	20	20	15	10	5								
工作质量	20	20	15	10	5								
工作规范	20	20	15	10	5								
汇报展示	20	20	15	10	5								
合计	100	各组得分											
总结与反思													

（如：学习过程中遇到什么问题→如何解决的 / 解决不了的原因→心得体会）

3）教师对学生工作过程与工作结果进行评价，并将评价结果填入表 5-3-3。

表 5-3-3　教师对学生评价表

姓名			学号		班级		组别	
实训任务								
评价项目			评价标准				分值	得分
考勤（10%）			无故意迟到、早退和旷课的现象				10	
工作过程（60%）	知识目标	获取信息	掌握工作相关知识				10	
		进行决策	制订工作方案，方案合理可行				10	
	技能目标	任务实施	能够描述一体式空气悬架和分离式空气悬架的结构				5	
			能正确描述电磁式悬架系统的工作原理				5	
			能正确描述魔毯式悬架系统的工作原理				5	
			能够区分三种不同悬架系统的优势				5	
	素养目标	工作态度	认真严谨、积极主动、安全生产、文明施工				5	
		团队合作	与小组成员、同学之间合作交流，协调工作				5	
项目成果（30%）		工作质量	能按照工作方案操作，按计划完成工作任务				10	
		工作完整	能按时完成工作任务的所有环节				10	
		工作规范	能在整个操作过程中规范操作，避免意外事故的发生				10	
		汇报展示	能准确表达、汇报工作成果				10	
合计							100	
综合评价			学生评价（50%）		教师评价（50%）		综合得分	
综合评语			（作业过程中存在的问题及改进建议）					

情智课堂

动力蓄电池容量衰减，无法支撑续驶里程，换一块新电池花费不菲。近段时间，新能源汽车废旧动力蓄电池的回收处理问题受到广泛关注，成为我国新能源汽车产业发展中亟待破解的课题。

新能源汽车废旧动力蓄电池的回收处理，看似是一个末端问题，实则是行业可持续发展的必要条件。目前，我国新能源汽车在汽车销量中的占比已超过11%。随着新能源汽车保有量的快速增长，我国将迎来第一波新能源汽车动力蓄电池退役潮，大量新能源汽车的动力蓄电池将进入报废环节。妥善做好回收利用工作，不仅能促进电池金属原料的循环利用，减少对源头矿产资源的依赖和环境污染，助力双碳目标实现；还有助于更好地激发消费意愿，促进汽车消费，培育壮大动力蓄电池回收产业的发展，实现经济效益与社会效益的双赢。

近年来，为应对动力蓄电池回收利用问题，相关部门接连发布一系列政策举措。2021年7月初，国家发展和改革委员会等联合发布通知，提出完善新能源汽车动力蓄电池回收利用溯源管理体系；2021年8月，工业和信息化部等5部门联合印发《新能源汽车动力蓄电池梯次利用管理办法》，加快推进动力蓄电池回收利用体系建设。截至9月底，171家新能源汽车生产及综合利用企业已在全国设立回收服务网点9985个。

规范竞争市场，"有形之手"须积极作为。破解废旧动力蓄电池回收利用难题，规范流向渠道是当务之急。既要管好"增量"，让新增动力蓄电池流向有迹可循，也要约束"存量"，以强制举措限制不正规回收企业的野蛮生长，净化动力蓄电池回收市场。与此同时，收得进来，更要能用得出去，应进一步明晰梯次利用产品的生产、使用、回收利用全过程的相关要求，并大力培育和支持废旧电池梯次和再生利用的企业"能手"，引导退役动力蓄电池有序回收利用。

提升回收效率，"无形之手"须多主体共同发力。动力蓄电池回收利用产业涉及新能源汽车及电池生产商、终端利用企业，覆盖面广、产业链长。发展好动力蓄电池回收这一产业，还需上下游企业"多手联弹"。应该看到，无论是抑制灰色产业链生存发展，还是落实动力蓄电池全生命周期溯源管理，都需要产业链相关企业采取联合行动，维护良好行业生态，培育梯次利用市场，有效开拓动力蓄电池回收这片蓝海。

多方出手，是为了新能源汽车产业长远发展"留足后手"。在实现碳达峰碳中和目标的大背景下，我国新能源汽车产业必将迎来更大的发展，而动力蓄电池回收利用也必须步入规范化发展的正轨。有关部门应从法规政策、技术标准等方面，加快推动动力蓄电池回收利用，助力新能源汽车产业行稳致远；对于相关企业而言，不妨将目光放得更加长远，加速布局相关产业，为自身可持续发展、培育新增长点埋下更多"种子"，在未来新一轮竞争中占得先机、大显身手。

项目六
电子电气系统构造与拆装

任务一 新能源汽车电气系统的认知

任务目标

知识目标
1. 了解新能源汽车电气系统的基本知识。
2. 了解新能源汽车组合仪表系统的基本知识。

技能目标
1. 能准确说出秦 EV 的结构。
2. 能准确描述新能源汽车仪表模块的原理和框图。

素养目标
1. 获得分析问题和解决问题的基本方法。
2. 尝试多元化思考解决问题的方法，形成创新意识。
3. 养成定期反思与总结的习惯，改进不足，精益求精。
4. 与小组成员交流、讨论学习成果，取长补短，完成自我提升。

任务框图

任务导入

随着电子技术在新能源汽车上应用的范围越来越广泛，电气系统的重要性也与日俱增。在某主机厂的面试中，面试官要求你简述新能源汽车电气系统的结构，你能正确回答这个问题吗？

任务分组

学生任务分配表见表 6-1-1。

表 6-1-1　学生任务分配表

班　级		组　号		指导老师	
组　长		学　号			
组　员	姓名：_____ 姓名：_____ 姓名：_____ 姓名：_____	学号：_____ 学号：_____ 学号：_____ 学号：_____		姓名：_____ 姓名：_____ 姓名：_____ 姓名：_____	学号：_____ 学号：_____ 学号：_____ 学号：_____
任 务 分 工					
（就组织讨论、工具准备、数据采集、数据记录、安全监督、成果展示等工作内容进行任务分工）					

获取信息

引导问题 1：请查阅相关资料，简述新能源汽车电气系统的组成。

_____

_____

知识点提示

新能源汽车电气系统概述

新能源汽车使用的电气系统有高压电气系统和低压电气系统，高压电气系统的电压可以达到 500V 左右。常规的低压电气系统包括 12V（汽油机）、24V（柴油机）以及一些车辆采用的 42V 低压电气系统。它们共同组成新能源汽车的驱动系统电源与行车控制电源。

新能源汽车的高压电气系统包括由储能式电源（包括动力蓄电池、超级电容器等）或发电式电源（包括燃料电池和燃料电池的空压机、发动机 - 发电机组等）、电能变换器（DC/DC、AC/DC、DC/AC 等组成的变换器或控制器等）、电动机（包括各种电动机和发动机）组成的电力驱动平台，以及空调系统等的供电和控制装置。

新能源汽车的低压行车电气系统有辅助蓄电池、各种电子电气器件（包括仪器、仪表、灯光、照明、通信、导航、娱乐、多媒体、车门锁、车门玻璃升降器、刮水器、喷淋器、防盗报警、安全气囊、线控系统、空调系统以及自诊断系统等）以及混合动力汽车用发动机的点火系统等的供电与控制装置。

新能源汽车整个电气系统（图6-1-1）由 ECU 通过 CAN 总线传输信号或指令，控制各种执行器件按照驾驶人的意图来控制整车运行，并由各种传感器反馈整车运行的实时信息，由 ECU 进行运算和调整，确保新能源汽车运行的可靠性及安全性。

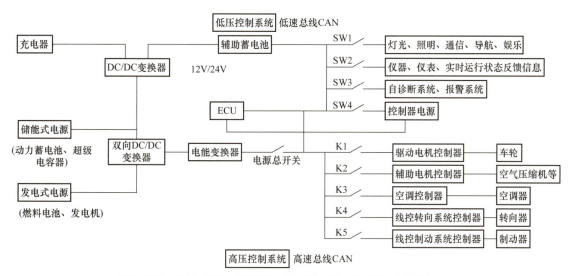

图 6-1-1　新能源汽车电气系统示意图

> **引导问题 2**：请查阅相关资料，简述新能源汽车整车控制过程。
> _____
> _____

知识点提示

秦EV整车控制原理

图 6-1-2 所示为秦 EV 的整车控制原理框图，车辆在运行过程中通过车载的各种传感器及其他控制器将整车运行信息和车辆的实时状态反馈给各模块或整车控制器。同时，各模块或整车控制器根据驾驶人的操作意图以及整车控制策略进行运算，并控制指令通过 CAN 总线及各模块硬件接口传递给其他控制器和各执行机构。依照完善的整车控制策略，整车控制器负责动力总成唤醒、车辆上电、功率限制、停机、制动能量回馈、能量管理、安全、故障诊断记录与失效控制等功能。

在满足车辆安全行驶性、动力性和舒适性的前提下，采用制动能量回馈技术可以大大增加纯电动汽车的续驶里程。当驱动电机在能量回收与驱动两种工况进行切换时，通过整车控制系统给予驱动电机相对应的转矩，保证车辆行驶的平顺性。当车辆在斜坡行驶或驻车时，整车控制系统输出相对应的转矩，保证车辆在斜坡上不会后溜。通过限制驱动电机的功率可以有效保护动力蓄电池，延长动力蓄电池的使用寿命。整车控制系统必须具备较强的抗干扰能力，使其在各种工作环境中能够稳定的工作。

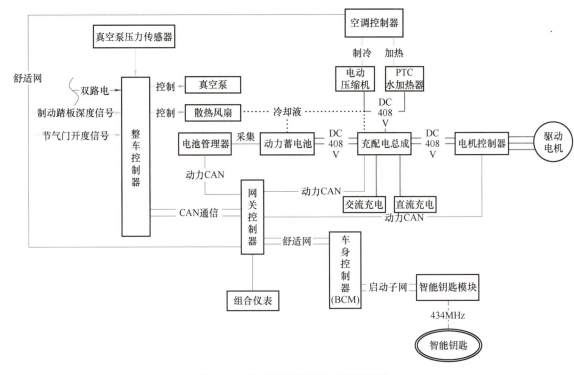

图 6-1-2 秦 EV 的整车控制原理框图

 引导问题 3：请查阅相关资料，简述秦 EV 组合仪表的结构。

知识点提示

秦EV组合仪表系统

秦 EV 的组合仪表是一种机电组合仪表，位于驾驶人正前方、转向管柱的上部。组合仪表包括安装件和电气连接等部分。所有组合仪表的电路组成单一线束，用接插件在组合仪表壳体背面连接。组合仪表的表盘和指示灯保护在一整块透明面罩后面。透明面罩采用遮光板，使仪表的表面免受光照及反射的影响，以达到减轻炫目的效果。组合仪表的照明是通过液晶显示来实现的，此照明方式可照亮仪表使它达到必需的能见度。组合仪表的每一个指示灯也是通过液晶显示的。连接电路将组合仪表连接到整车的电气系统上，这些连接电路被集成在汽车线束内按不同位置进行走向，并按许多不同方式固定，图 6-1-3 所示为秦 EV 组合仪表安装位置。新能源汽车中的组合仪表通常包含车速

图 6-1-3 秦 EV 组合仪表安装位置（2020 款）

表、功率表、电量表、信号指示灯等信息，可以显示当前整车状况。

图 6-1-4 所示为组合仪表的系统框图，可以体现仪表与汽车各个部分的关系，具体的仪表组合信息见表 6-1-2。

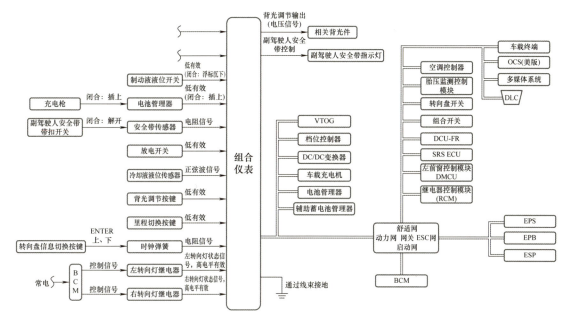

图 6-1-4　组合仪表的系统框图

表 6-1-2　仪表组合信息

发送节点	接收节点	信　　息	传输类型
十合一 2020 款秦 EV	组合仪表	左前门状态 右前门状态 左后门状态 右后门状态 驾驶人安全带开关信号 整车状态 行李舱信号 智能钥匙系统警告灯信号 蜂鸣器控制信号	CAN
SRS	组合仪表	故障指示灯驱动信号	
组合开关	组合仪表	远光灯开关信号 前雾灯开关信号 后雾灯开关信号 示位灯	
组合仪表	多功能屏	调光档位置信号	
	多媒体系统	驻车制动开关信号	
网关	组合仪表	冷却液温度 车速信号 EBD 故障信号 ABS 故障信号 车速信号 Service 警告灯 档位信号 瞬时耗电量 ESP	

(续)

发送节点	接收节点	信息	传输类型
灯光系统	组合仪表	左转向信号指示灯 右转向信号指示灯	硬线
组合仪表	车内灯光系统	背光驱动信号	

进行决策

1）各组派代表阐述资料查询结果。
2）各组就各自的查询结果进行交流，并分享技巧。
3）教师结合各组完成的情况进行点评，并选出最佳方案。

任务实施

一、准备工作

1）工具：秦 EV 整车。
2）场地：检查实训场地和设备设施是否清洁及存在安全隐患，配电箱、排插是否符合用电需求，如不正常请向老师汇报并进行处理。
3）安全防护：禁止在车辆上电高压情况下检查与更换蓄电池模块，禁止在带电状态下触碰任何带安全警示标志的组件，禁止徒手触摸所有橙色的线束。

二、实训记录

秦 EV 组合仪表信息及完成情况见表 6-1-3。

表 6-1-3　秦 EV 组合仪表信息及完成情况

图标	工作逻辑	完成情况	备注记录
	仪表通过硬线采集组合开关转向信号	□完成 □未完成	
	组合仪表接收到远光灯"开启"的 CAN 信息时，点亮此灯并长亮；接收到远光灯"关闭"的 CAN 信息时，此灯熄灭，此指示灯和远光灯同步工作	□完成 □未完成	
	从组合开关接收示位灯开关信号（CAN）	□完成 □未完成	
	从组合开关接收前雾灯开关信号（CAN）	□完成 □未完成	
	从组合开关接收后雾灯开关信号（CAN）	□完成 □未完成	
	从十合一（BCM）接收安全带开关信号（CAN）	□完成 □未完成	
	从安全气囊系统接收安全气囊故障信号	□完成 □未完成	

（续）

图　　标	工作逻辑	完成情况	备注记录
(ABS)	接收网关发送的ABS故障信息，点亮指示灯。CAN线断线点亮	□完成 □未完成	
(!)	从驻车制动开关接收驻车信号（硬线），从制动液位开关接收制动液位信号（硬线），当采集到"EBD故障"信号（CAN）时，故障指示灯点亮	□完成 □未完成	
方向盘!（红色）	CAN通信传输，EPS控制单元发送EPS故障指示信号给组合仪表，仪表CPU命令指示灯点亮	□完成 □未完成	
钥匙	从智能钥匙系统读取钥匙信息（CAN）	□完成 □未完成	
前照灯	组合仪表采集前照灯调节单元的模式信号（CAN）	□完成 □未完成	
巡航（绿色）	CAN通信传输，电机控制器发送开关量信号给组合仪表。仪表CPU根据信号处理此指示灯状态	□完成 □未完成	
SET（绿色）	CAN通信传输，电机控制器发送开关量信号给组合仪表。仪表CPU根据信号处理此指示灯状态	□完成 □未完成	
车门	从十合一（BCM）接收各门和行李舱开关状态信息（CAN）	□完成 □未完成	
⚠	接收到故障信息及提示信息（除背光调节、车门及行李舱状态信息外）	□完成 □未完成	
电池（红色）	CAN线传输DC及充电系统故障信号，组合仪表控制指示灯点亮	□完成 □未完成	
电量（黄色）	CAN通信传输，动力蓄电池管理模块发送动力蓄电池电量过低报警信号给组合仪表。仪表CPU控制此指示灯点亮，指示灯点亮需与电量表进入红色区域同步	□完成 □未完成	
充电（红色）	硬线传输，充电感应开关闭合时，仪表点亮指示灯。充电感应开关断开时，仪表熄灭此指示灯	□完成 □未完成	
电机过温（红色）	CAN通信传输，电机控制器发送驱动电机过温报警信号给组合仪表，仪表CPU命令指示灯点亮	□完成 □未完成	
车辆故障（红色）	CAN通信采集到电池管理器、M2电机控制模块的故障信号时，CPU驱动指示灯点亮	□完成 □未完成	
OK（绿色）	M2电机控制模块通过CAN发送"READY"指示灯点亮信号给组合仪表，仪表CPU控制此指示灯点亮	□完成 □未完成	
ECO SPORT（绿色）	CAN线传输，组合仪表CPU驱动指示灯工作	□完成 □未完成	
SPORT（绿色）	CAN线传输，组合仪表CPU驱动指示灯工作	□完成 □未完成	
(P)（红）	CAN传输，组合仪表采集网关转发的ID为0x218报文信号，并根据报文的内容进行相应的指示	□完成 □未完成	

（续）

图标	工作逻辑	完成情况	备注记录
（红色）	CAN 通信传输电机控制器的冷却液温度过高报警信号，仪表 CPU 控制此指示灯点亮	□完成 □未完成	
	从 ESP 系统接收到 ESP 故障信号（CAN）	□完成 □未完成	
	接收到 ESP 系统关闭信号（CAN）	□完成 □未完成	
	从胎压监测系统接收到胎压故障信号（CAN）	□完成 □未完成	

评价反馈

1）各组代表展示汇报 PPT，介绍任务的完成过程。

2）以小组为单位，请对各组的操作过程与操作结果进行自评和互评，并将结果填入表 6-1-4。

电子电气系统的结构与装配

表 6-1-4　学生评价表

姓名		学号			班级				组别				
实训任务													
评价项目	分值	等级				评价对象（组别）							
		A	B	C	D	1	2	3	4	5	6	7	8
方案合理	20	20	15	10	5								
团队合作	20	20	15	10	5								
工作质量	20	20	15	10	5								
工作规范	20	20	15	10	5								
汇报展示	20	20	15	10	5								
合计	100	各组得分											
总结与反思													

（如：学习过程中遇到什么问题→如何解决的 / 解决不了的原因→心得体会）

3）教师对学生工作过程与工作结果进行评价，并将评价结果填入表 6-1-5。

表 6-1-5　教师对学生评价表

姓名				学号		班级		组别	
实训任务									
评价项目				评价标准				分值	得分
考勤（10%）				无故意迟到、早退和旷课的现象				10	
工作过程（60%）	知识目标		获取信息	掌握工作相关知识				10	
			进行决策	制订工作方案，方案合理可行				10	
	技能目标		任务实施	能够识别仪表警告灯				5	
				能够识别仪表指示灯				5	
				能够描述秦 EV 组合仪表的结构				5	
				能够描述新能源汽车电气系统的结构分布				5	
	素养目标		工作态度	认真严谨、积极主动、安全生产、文明施工				5	
			团队合作	与小组成员、同学之间合作交流，协调工作				5	
项目成果（30%）			工作质量	能按照工作方案操作，按计划完成工作任务				10	
			工作完整	能按时完成工作任务的所有环节				10	
			工作规范	能在整个操作过程中规范操作，避免意外事故的发生				10	
			汇报展示	能准确表达、汇报工作成果				10	
合计								100	
综合评价				学生评价（50%）		教师评价（50%）		综合得分	
综合评语				（作业过程中存在的问题及改进建议）					

任务二 新能源汽车冷却系统的构造与拆装

任务目标

知识目标
1. 了解新能源汽车暖风和空调系统的定义。
2. 了解新能源汽车暖风和空调系统的分类。

技能目标
1. 能准确说出新能源汽车暖风和空调系统的结构。
2. 能熟练分析新能源汽车暖风和空调系统的功能。

素养目标
1. 获得分析问题和解决问题的基本方法。
2. 养成定期反思与总结的习惯，改进不足，精益求精。
3. 与小组成员交流、讨论学习成果，取长补短，完成自我提升。
4. 尝试多元化思考解决问题的方法，形成创新意识。

任务框图

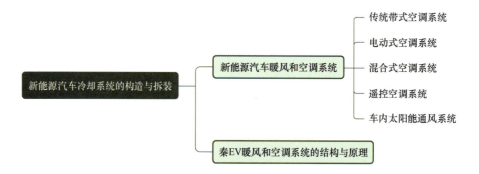

任务导入

新能源汽车所需的大功率驱动电机在行驶过程中会产生大量的热，堆积的热量如果没被及时带走，就会影响驱动电机的使用寿命和使用性能。而主机厂一直追求的高能量密度和高放电倍率的动力蓄电池也会在使用中产生大量的热，如果没有及时处理，会引发的一系列的安全事故。所以新能源汽车的冷却系统有着十分重要的作用，那么你了解新能源汽车冷却系统的构造吗？

项目六 电子电气系统构造与拆装

姓名 班级 日期

169

笔记栏

任务分组

学生任务分配表见表 6-2-1。

表 6-2-1 学生任务分配表

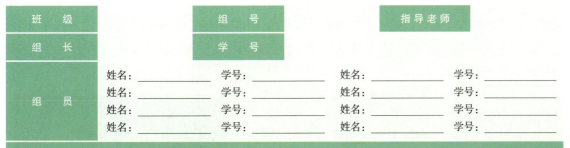

（就组织讨论、工具准备、数据采集、数据记录、安全监督、成果展示等工作内容进行任务分工）

获取信息

引导问题 1： 请查阅相关资料，简述空调系统的作用。

_____
_____

知识点提示

新能源汽车暖风和空调系统

一、传统带式空调系统

有些混合动力汽车采用传统的带式空调压缩机。如果在空调系统工作时，车辆的怠速停止（怠速起停）功能使发动机关闭，那么空调压缩机也会停止工作。此时，车辆的鼓风机将继续向车内输送空气。这在某种程度上可以让车内的人员感到凉爽，但也可能在发动机停机时间过长的情况下（例如长时间等红绿灯）让人感觉难受。这类车辆通常有 MAX 功能，能够取消怠速起停，并激活发动机工作，使其满足任意长时间的空气调节需求。

二、电动式空调系统

传统的带式空调系统可能会大幅拉低车辆的燃油经济性。相比之下，电动空调压缩机比传统的空调压缩机更有效率,尤其当电机是由类似于动力蓄电池这样的高压组件来供给较高电压的时候。

一般而言,电动空调压缩机是通过小型变频器驱动的交流电动机带动。压缩机的变频器可以整合到压缩机组件中,或者将空调控制器集成在车辆的高压控制器内。

电动空调压缩机将电动机整合到了空调压缩机室中。压缩机并非由离合器控制,因为电动压缩机通过集成在压缩机内部的电机控制板调节输出的电流大小,频率高低来控制电动机转速以不断改变其输出功率。影响压缩机输出功率的因素包括蒸发器温度、车厢温度、环境温度和目标蒸发器温度。

电动空调压缩机没有采用轴端密封设计,避免了传统空调中轴端泄漏的情况发生,如图6-2-1所示。

一般情况下,电动空调压缩机通过使系统制冷剂在电动机周围或附近循环进而使电动机冷却。由于空调系统的冷冻机油悬浮在制冷剂中,冷冻机油一定不能导电。常规的冷冻机油会污染,影响系统的正常运行,可能会导致汽车的车载诊断系统设定诊断故障码(DTC),容易误以为出现高压电接地的故障。在这种情况下,可能难以从系统中彻底清除污染油,可能需要更换整个组件。

图6-2-1 电动空调压缩机

三、混合式空调系统

这里的"混合"式空调系统与混合动力汽车无关,尽管某些混合动力汽车中会使用它。它是由带式空调压缩机和电动空调压缩机共同组成的混合一体机。2006~2011款的本田思域混合动力汽车就是采用这种类型的空调压缩机。正常工作时,空调控制系统选择最有效率的模式:机械驱动模式或电驱动模式。它既可以由发动机驱动,也可以由电动机驱动,还可以由两者一起驱动。当发动机不工作时,电动机就可以驱动这个小巧的空气压缩机继续工作,保证车内的温度。如果外面温度特别高,需要高速制冷,单靠电动机驱动已经不能运行时,发动机系统就会自动起动,将冷气源源不断地供到车内。当车内温度已经稳定到最佳水平时,发动机又会自动关闭,从而节约油耗。

四、遥控空调系统

遥控空调系统能让车辆操作人员只需通过智能手机应用程序或只需按一下汽车密钥卡的按钮,就可以激活空调系统。在传统的混合动力汽车中,使用手机应用或汽车密钥卡遥控空调打开后,车内空调最多可以运行3~5min,这取决于动力蓄电池的SOC。在插电式混合动力汽车中,遥控空调最多可以运行10min,这跟动力蓄电池的载电量和动力蓄电池的SOC有关。

当发出激活遥控空调系统的命令后,如果车门尚未锁上,则车辆的控制系统通常会锁住车门,并吸合动力蓄电池的正、负极接触器,输出高压直流电到配电箱后分配给空调压缩机工作。虽然动力蓄电池内的正负极接触器处于吸合状态,遥控空调系统其实并没有使车辆上电(READY或OK)。在下列任何一种情况下,都将发出关闭遥控空调系统的命令:

1)遥控空调调节超时。

2)动力蓄电池的SOC低于规定阈值时(EV SOC<10%,PHEV SOC<15%)。

3）车辆的车门处于解锁状态。

五、车内太阳能通风系统

有些混合动力汽车和新能源汽车将太阳能电池板安装在汽车的车顶，当车辆断电（READY 为 OFF）且在炎热的天气下停车时，可以打开太阳能通风系统使车内通风透气。但是太阳能电池板不会为车辆动力蓄电池充电。

通常情况下，太阳能通风系统是通过开关来控制的。当车内温度上升到高于规定温度值时，如果接通了太阳能通风系统，并且太阳能电池板能够输出足够的电压，这时，太阳能电池板的电流就会激活汽车内部风机。在昏暗或多云的天气，太阳能通风系统可能无法产生足够的电压。有些太阳能通风系统还可以控制车内通风口，所以风扇控制器通常是独立安装的，这样就使太阳能电池板的电压与汽车的电气系统分隔开。

 引导问题 2：请查阅相关资料，简述秦 EV 空调系统的基本组成。

_____

_____

考证指南

智能新能源汽车职业技能等级要求中的电动空调制冷系统检查保养任务就涉及使用故障诊断仪读取电动空调系统故障码和数据流，通过智能新能源汽车职业技能等级考核可获得教育部 1+X 证书中的《智能新能源汽车职业技能等级证书》。

 知识点提示

秦EV暖风和空调系统的结构与原理

下面，将以比亚迪秦 EV 车型为例，进行暖风和空调系统的相关介绍。

秦 EV 空调系统为单蒸发器自动调节空调，系统主要由压缩机、冷凝器、HVAC 总成、制冷管路、暖风水管、风道和空调控制器等零部件组成，具有制冷、供暖、除霜除雾和通风换气等功能。该系统利用 PTC 加热冷却液进行供暖，利用蒸汽压缩式制冷循环制冷，制冷剂为 R134a，控制方式为按键操纵式。自动空调箱体的模式风门、冷暖混合风门和内外循环风门都是电机控制的，图 6-2-2 和图 6-2-3 所示为秦 EV 空调系统的基本组成（含前舱和驾驶室）。比亚迪秦 EV 空调及电池热管理控制器及二合一传感器的组成如图 6-2-4 所示。

风道结构拆分图如图 6-2-5 所示。

秦 EV 车型制冷是通过电动压缩机、冷凝器、电子膨胀阀、蒸发器、鼓风机、空调控制器（21 款秦 EV 车的空调控制器集成在集成式车身控制器内）和空调制冷管路等组件组合成的系统来实现的，秦 EV 车型制冷工作原理流程图如图 6-2-6 所示。

秦 EV 车供暖是通过 PTC 加热器、暖风水泵、暖风芯体、鼓风机、空调控制器（集成式车身控制器）和空调供暖管路等组件组合成的系统来实现的，如图 6-2-7 所示。

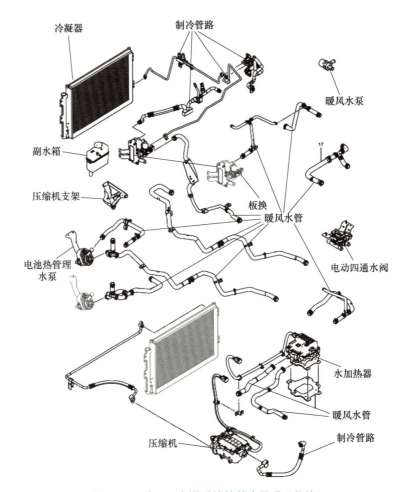

图 6-2-2 秦 EV 空调系统的基本组成（前舱）

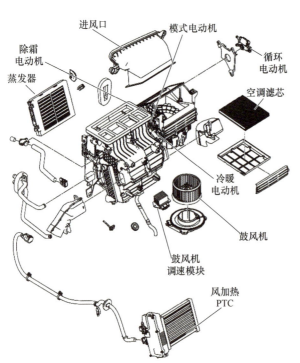

图 6-2-3 秦 EV 空调系统的基本组成（驾驶室）

图 6-2-4 比亚迪秦 EV 空调及电池热管理控制器及二合一传感器的组成

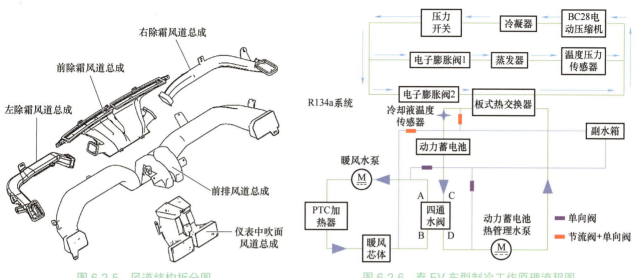

图 6-2-5　风道结构拆分图

图 6-2-6　秦 EV 车型制冷工作原理流程图

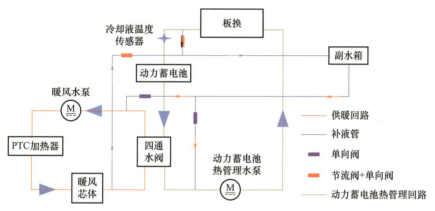

图 6-2-7　动力蓄电池热管理功能流程图（加热）

进行决策

1）各组派代表阐述资料查询结果。
2）各组就各自的查询结果进行交流，并分享技巧。
3）教师结合各组完成的情况进行点评，并选出最佳方案。

任务实施

一、准备工作

1）工具：绝缘工具套装 1 套、绝缘防护套装 1 套、秦 EV 整车 1 台、一体化工量具 1 套。
2）场地准备：任务实施前，检查实训场地和设备设施是否存在安全隐患，如发现不正常的地方，需及时向老师报告并处理后，方可进行任务实施；在车辆周围围上隔离带，并摆上注意安全提示牌。
3）安全防护：检测各个设备以及所需要器材是否完好，禁止在车辆上电高压情况下检查与更换蓄电池模块，禁止在带电状态下触碰任何带安全警示标志的组件，禁止徒手触摸所有橙色的线束。

二、实训记录

1. 认识比亚迪秦 EV 暖风系统

秦 EV 暖风系统组件及完成情况见表 6-2-2，比亚迪秦 EV 暖风系统组件实物图如图 6-2-8 所示。

表 6-2-2　秦 EV 暖风系统组件及完成情况

组　件	完成情况	组　件	完成情况
冷却风扇后方冷凝器	□完成　□未完成	PTC 加热器	□完成　□未完成
动力蓄电池空调热管理膨胀水壶	□完成　□未完成	制冷管路	□完成　□未完成
动力蓄电池热管理水泵	□完成　□未完成	电动压缩机	□完成　□未完成
制冷管路	□完成　□未完成	冷风水管	□完成　□未完成
板式热交换器	□完成　□未完成		

图 6-2-8　比亚迪秦 EV 暖风系统组件实物图

2. 认识驾驶室空调组件

驾驶室空调组件及完成情况见表 6-2-3，比亚迪秦 EV 驾驶室空调组件实物图如图 6-2-9 所示。

表 6-2-3　驾驶室空调组件及完成情况

组　件	完成情况	组　件	完成情况
鼓风机	□完成　□未完成	空调滤芯	□完成　□未完成
进风口	□完成　□未完成	蒸发器	□完成　□未完成
除霜电动机	□完成　□未完成	循环电动机	□完成　□未完成

（续）

组　件	完成情况	组　件	完成情况
模式电动机	□完成　□未完成	冷暖电动机	□完成　□未完成
鼓风机调速模块	□完成　□未完成	风加热 PTC	□完成　□未完成
空调及动力蓄电池热管理控制器	□完成　□未完成	二合一传感器	□完成　□未完成

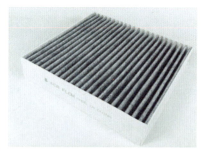

图 6-2-9　比亚迪秦 EV 驾驶室空调组件实物图

3. 认识风道拆分结构

风道拆分结构名称及完成情况见表 6-2-4。

表 6-2-4　风道拆分结构名称及完成情况

拆分结构名称	完成情况
左除霜风道总成	□完成　□未完成
前除霜风道总成	□完成　□未完成
右除霜风道总成	□完成　□未完成
前排风道总成	□完成　□未完成
仪表中吹面风道总成	□完成　□未完成

4. 空调控制器的更换流程

拆装空调控制器的步骤及完成情况见表 6-2-5。

5. PTC 加热器总成的更换流程

拆装 PTC 加热器总成的步骤及完成情况见表 6-2-6。

表 6-2-5 拆装空调控制器的步骤及完成情况

步骤	图示	完成情况	备注记录
拆卸空调控制器			
将电源档位退至"OFF"档	—	☐完成 ☐未完成	
断开辅助蓄电池负极,使用绝缘胶带包裹防护	—	☐完成 ☐未完成	
拆卸副仪表板左前护板总成	—	☐完成 ☐未完成	
断开空调及动力蓄电池热管理控制器插接器	—	☐完成 ☐未完成	
拆卸空调及动力蓄电池热管理控制器支架(控制器随支架一起)	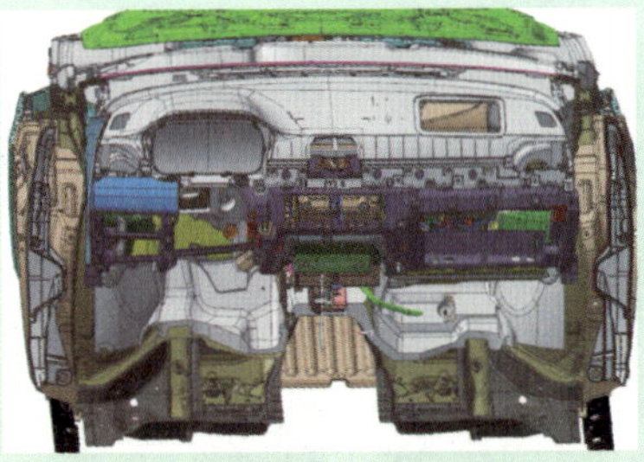	☐完成 ☐未完成	
安装空调控制器			
将空调控制器置于安装位置后接上插接器,打上两个紧固件	—	☐完成 ☐未完成	
安装空调及动力蓄电池热管理控制器插接器	—	☐完成 ☐未完成	
安装副仪表板左前护板总成	—	☐完成 ☐未完成	
接上辅助蓄电池负极	—	☐完成 ☐未完成	
安装空调控制器		☐完成 ☐未完成	

表 6-2-6　拆装 PTC 加热器总成的步骤及完成情况

步　骤	图　示	完成情况	备注记录
拆卸 PTC 加热器总成			
将电源档位退至"OFF"档	—	□完成 □未完成	
断开辅助蓄电池负极，使用绝缘胶带包裹防护	—	□完成 □未完成	
等待被动放电后拔下动力蓄电池包高压母线（注意安全防护），使用万用表验电小于 1V		□完成 □未完成	
拔下 PTC 高压母线，注意高压插头三道锁止（绝缘胶带进行防护）		□完成 □未完成	
拔下低压插接器，打开动力蓄电池空调热管理膨胀水壶盖，使用配套工具拆下动力蓄电池包进/排水管的任意一根水管，排空冷却液		□完成 □未完成	
使用 10mm 工具拆下搭铁线，使用 10mm 与 13mm 工具拆下 PTC 加热器总成即可		□完成 □未完成	
安装 PTC 加热器总成			
使用工具将 PTC 固定在安装架上	—	□完成 □未完成	
连接搭铁线	—	□完成 □未完成	

(续)

步　骤	图　示	完成情况	备注记录
安装 PTC 加热器总成			
连接低压插接器与进出口水管	—	□完成 □未完成	
连接 PTC 高压母线	—	□完成 □未完成	
连接动力蓄电池高压母线	—	□完成 □未完成	
加入适量的冷却液，车辆上电，通过道通 908E 进行管路排空	—	□完成 □未完成	
连接辅助蓄电池负极上电，开暖空调运行一段时间，查看供暖是否正常	—	□完成 □未完成	

6. 电动压缩机的更换流程

拆装电动压缩机的步骤及完成情况见表 6-2-7。

表 6-2-7　拆装电动压缩机的步骤及完成情况

步　骤	图　示	完成情况	备注记录
拆卸电动压缩机			
将电源档位退至"OFF"档	—	□完成 □未完成	
断开辅助蓄电池负极，使用绝缘胶带包裹防护	—	□完成 □未完成	
等待被动放电后拔下动力蓄电池包高压母线（注意安全防护），为电动压缩机输入高压母线	压缩机高压母线	□完成 □未完成	
拔下压缩机高压母线和低压插接器（注意安全防护）	压缩机高压母线	□完成 □未完成	

（续）

步骤	图示	完成情况	备注记录
拆卸电动压缩机			
使用空调压力表从高低压管释放制冷剂（注意安全规范操作）	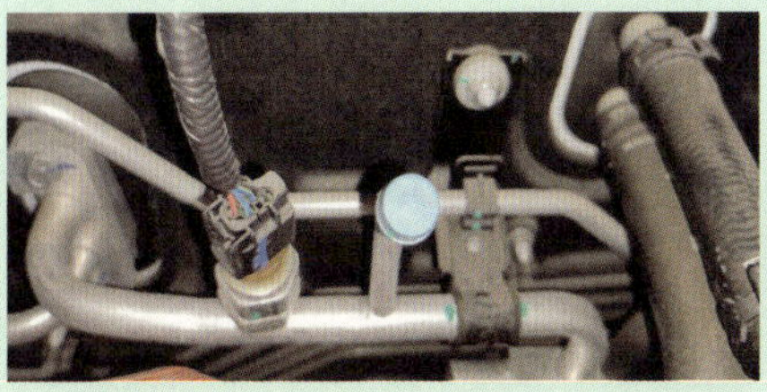	□完成 □未完成	
使用10mm工具拆下连接压缩机的空调管，在插空调管前，需要回收空调制冷剂	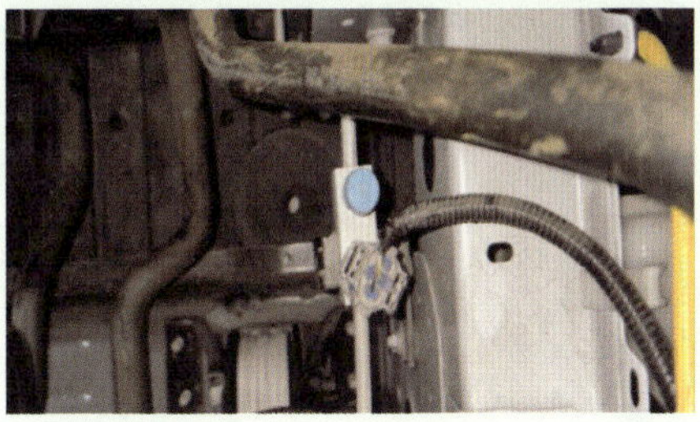	□完成 □未完成	
使用10mm工具拆下固定压缩机的四颗螺栓，取下压缩机	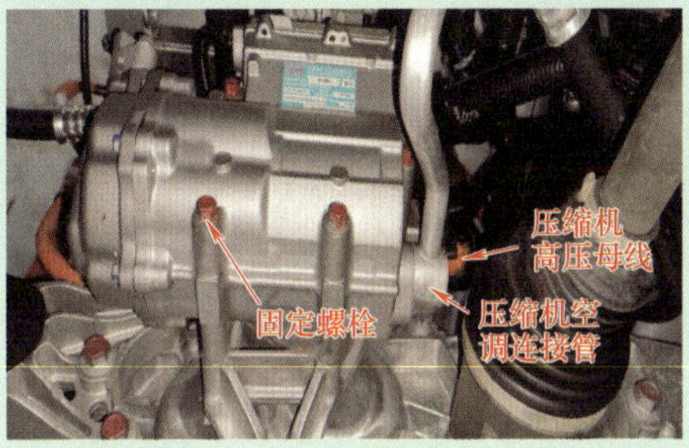	□完成 □未完成	
安装电动压缩机			
将电动压缩机固定在减速器上	—	□完成 □未完成	
连接电动压缩机上的空调管	—	□完成 □未完成	
连接低压插接器与高压母线和压缩机母线	—	□完成 □未完成	
再使用专用工具加入适量制冷剂	—	□完成 □未完成	
连接辅助蓄电池，车辆上电，开空调运行	—	□完成 □未完成	

评价反馈

空调制冷剂的加注

1）各组代表展示汇报 PPT，介绍任务的完成过程。

2）以小组为单位，请对各组的操作过程与操作结果进行自评和互评，并将结果填入表 6-2-8。

表 6-2-8 学生评价表

姓名												
学号				班级					组别			
实训任务												
评价项目	分值	等级				评价对象（组别）						
		A	B	C	D	1	2	3	4	5	6	7	8
方案合理	20	20	15	10	5								
团队合作	20	20	15	10	5								
工作质量	20	20	15	10	5								
工作规范	20	20	15	10	5								
汇报展示	20	20	15	10	5								
合计	100	各组得分											
总结与反思													

（如：学习过程中遇到什么问题→如何解决的/解决不了的原因→心得体会）

3）教师对学生工作过程与工作结果进行评价，并将评价结果填入表6-2-9。

表 6-2-9　教师对学生评价表

姓名			学号		班级		组别	
实训任务								
评价项目			评价标准				分值	得分
考勤（10%）			无故意迟到、早退和旷课的现象				10	
工作过程（60%）	知识目标	获取信息	掌握工作相关知识				10	
		进行决策	制订工作方案，方案合理可行				10	
	技能目标	任务实施	能够识别秦 EV 暖风和空调系统组件				5	
			能正确更换 PTC 加热器				5	
			能正确更换电动压缩机				5	
			能正确更换空调控制器				5	
	素养目标	工作态度	认真严谨、积极主动、安全生产、文明施工				5	
		团队合作	与小组成员、同学之间合作交流，协调工作				5	
		工作质量	能按照工作方案操作，按计划完成工作任务				10	
项目成果（30%）		工作完整	能按时完成工作任务的所有环节				10	
		工作规范	能在整个操作过程中规范操作，避免意外事故的发生				10	
		汇报展示	能准确表达、汇报工作成果				10	
合计							100	
综合评价			学生评价（50%）		教师评价（50%）		综合得分	
综合评语			（作业过程中存在的问题及改进建议）					

情智课堂

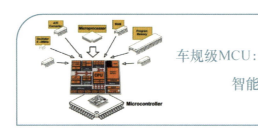

打破壁垒

车规级MCU：
　　智能新能源"芯"突破

MCU（Microcontroller Unit），中文称为微控制单元，也有人叫它单片机。它把CPU、存储器（FLASH和RAM）、计数器、GPIO、SPI、USB、A-D转换、UART等周边接口，甚至LCD驱动电路都整合在单一芯片上，所以也是一种系统级芯片（SoC）。MCU是电子产品的心脏，小到体温计、无线充电器和智能手环，大到数控机床、汽车和工业机器人都有它的身影。

常用的车用半导体芯片主要分为控制类半导体、功率类半导体和传感器，MCU一般是用于汽车控制的核心芯片。IC Insight数据显示，2019年车规级MCU销售额占MCU总销售额的39%。对于智能汽车来讲，车规级MCU的应用范围将更为广泛，无论是简单的驾车操作，比如发动机控制、车窗控制、电动座椅、空调等控制单元，还是到复杂且智能的车载功能，比如车身动力、行车控制、信息娱乐、辅助驾驶等，每一个功能的实现都需要复杂的芯片组和稳定的算法作为支撑。iSuppli报告称，一辆汽车内的半导体器件数量中，MCU芯片约占30%，平均每辆汽车大约需要70个MCU，而一辆新能源汽车大约需要300多个。

MCU作为汽车智能大脑，扮演核心的"思考、运算、控制"的功能，随着汽车的电子电器架构向集中式演进，MCU不仅需要继续承担色彩信息、空间信息等高维数据的采集、转换和传送功能，还需要承担智能决策控制的核心角色，随着自动驾驶等级的逐步提高，MCU市场有望加速增长。以自动驾驶车辆的电子控制系统为例，在驾驶过程中，各类传感器会将采集的数据传送给底盘系统、动力系统、制动系统和驾驶系统的MCU中，由MCU进行数据的采集和转换，并传递给中央系统进行数学运算和驾驶决策制定，中央系统会继续将决策指令传回到MCU，由MCU传达到底盘系统、动力系统、制动系统和驾驶系统中的执行对象，来进行指令的执行，从而实现MCU对各个执行对象的智能控制。

在政策支持、供需推动、技术迭代、资金扶植的共同作用下，车规级MCU的国产替代势在必行。国内车规级MCU市场的竞争主要存在于海外龙头企业和本土企业之间，部分本土企业已推出车规级32位MCU并逐步实现量产。国内企业有望继续打破技术壁垒、看齐国际标准、打通产业生态，改变海外龙头企业长期垄断的竞争格局。

目前，虽然国内企业在车规级MCU领域所占据的市场份额较小，但国内市场空间以及国产替代需求均较大，能够更好发挥本土企业地缘优势并能提供可靠、定制化产品的公司有望持续突围，并获得更大的市场份额。

汽车工业被称为"工业中的工业"，其发展会带动上下游产业的发展，从电池的国产化到MCU的国产化，可以说新能源汽车的发展就是一个逐步打破垄断的过程，在新能源汽车的发展过程中，一系列上下游产业会因此受益。同学们，未来的前景是广阔的，请保持一颗进取的心，扎根产业，成为一名社会所需要的高素质人才，在此过程中实现自己的理想与抱负。

参考文献

[1] 李伟. 新能源汽车构造原理与故障检修[M]. 北京：化学工业出版社，2015.
[2] 王鸿波，谢敬武. 新能源汽车构造与检修[M]. 北京：机械工业出版社，2018.
[3] 蒋鸣雷. 新能源汽车动力蓄电池结构与检修[M]. 北京：机械工业出版社，2018.
[4] 徐晓明，胡东海. 动力电池系统设计[M]. 北京：机械工业出版社，2019.
[5] 崔胜民. 纯电动汽车技术解析[M]. 北京：化学工业出版社，2019.
[6] 瑞佩尔. 新能源汽车结构与原理[M]. 北京：化学工业出版社，2019.
[7] 刘福华，康杰. 新能源汽车结构原理与检修[M]. 北京：机械工业出版社，2019.